TJ Special File 17

ケトルベルトレーニング

入門からギレヴォイスポーツ(競技)まで

後藤俊一 著

JN245125

まえがき

　本書を手に取ってくださりありがとうございます。

　「写真よりイラストのほうが味がある」、月刊トレーニング・ジャーナル編集長・浅野将志氏からケトルベルの連載についてオファーをいただいた際に、こんな言葉が飛び出しました。実際に描いてみると、本当にこのイラストが雑誌に載るのか？　喜びと驚きの中で連載は続き、13カ月経ちアレヨアレヨと言う間に本書出版の運びとなりました。

　およそ10年ケトルベルトレーニングを行ってきて、基本的なマニュアル＋独自の主観も交え執筆しました。写真も使わず、私の手描き（妻にも助けてもらいました）で教科書というより「研究ノート」のような形になりました。私自身のフィルターを通して描かれたイラストは写真のように精緻ではありませんが、描く中で自分自身も成長でき、素晴らしい経験になりました。よく行うトレーニングでも描くのは大変です！

　「突き詰めれば運動は一緒」私の師匠の言葉です。私もそのように感じます。実施者が月日をかけフィルターの目を細かくし、細かいほどその運動は細分化され、また原点に立ち返るものだと思います。

　このような機会をくださった浅野氏、西澤隆氏、ブックハウス・エイチディの編集部のみなさまに本当に感謝しております。

　これからケトルベルトレーニングを行う方に本書を活用していただけたらこんなに嬉しいことはありません。

2017年7月20日

後藤俊一

ケトルベルトレーニング

まえがき ……………………………………………………… 3

1 はじめに ……………………………………………… 6
ケトルベルトレーニングはウェイトトレーニングではない！

2 安全対策・注意点 ……………………………………… 16
3m四方のスペースとケトルベルが1つあれば、ホームジムの完成だ！

基礎編：メソッド

3 ケトル・ベルデッドリフト …………………………… 22
動作スピードは「自分の呼吸のスピード」になるのが理想

4 ケトルベル・スイング ………………………………… 28
スイングの目的は「力の発揮の反復（緊張と脱力）」にある

5 スイングの派生 ………………………………………… 35
ケトルベルトレーニングは「スイングに始まりスイングに終わる」

6 ケトルベル・クリーン ………………………………… 43
スイング後に、ラックポジションにケトルベルを移動させる運動

7 ケトルベル・スナッチ ………………………………… 49
スナッチはケトルベルトレーニングでは有酸素運動の位置づけになる

8 ケトルベル・スクワット ……………………………… 53
体幹部に緊張がある状態で股関節の柔軟性を向上できる

9 ケトルベル・ゲットアップ …………………………… 63
この種目は終始ケトルベルの重量によりパッキングを行い続けられる

10 ミリタリープレスと応用編 ………………………… 71
力をプレス運動で計測でき、トレーニング成果の「見える化」に適している

目次

11 ケトルベルを用いたトレーニングプログラム ·········· 84
プログラムデザインは必ず弱点を克服するための種目を入れる

12 メソッド・ジャーク ·········· 97
ジャークはさまざまな動作の集合なので身体の活性化を促します

13 ケトルベル運動の理論 ·········· 102
ケトルベル運動はメソッドと競技の2つに大別される

競技編：ケトルベルスポーツ（GS）

14 GSスイング ·········· 108
GSスイングはメソッドの「振る」から「振られる」の動作になる

15 GSジャーク ·········· 113
ジャークの技術が勝敗を分かつといっても過言ではない

16 GSスナッチ ·········· 130
10分間をいかに疲労を抑えよい動きで回数を伸ばすか

17 GSロングサイクル ·········· 140
スナッチとジャークが組み合わさったような動作となる「GSロングサイクル」

18 呼吸の強さ ·········· 148
吐息を十分に行うことで強い横隔膜の収縮が得られます

19 おわりに──ケトルベルを通して感じたこと ·········· 155
トレーニングすること自体が間違っている？

資料 ·········· 163

本書は『月刊トレーニング・ジャーナル』2016年2月号〜2017年3月号に「ケトルベルトレーニング入門」として連載されたものを加筆・修正し、再編集したものである。

ブックデザイン●青野哲之（ハンプティー・ダンプティー）

はじめに

ケトルベルトレーニングは
ウェイトトレーニングではない！

　最近になり、ケトルベルというツールがメディアにも頻繁に登場するようになりました。そのユニークな形状から、トレーニング雑誌の表紙を飾ったことも一度ではありません。もう見たことがある人もいるかもしれませんし、ひょっとしたらジムなどで触れたこともあるかもしれません。デパートのスポーツグッズの売り場に置いてあることもあります。重さは4kgから48kgまであります。世界には100kgを超えるケトルベルも存在しますが、それらは特注品になるようです。

　バーベルやダンベルを使ったウェイトトレーニングでのスクワットやベンチプレス、デッドリフトの場合は、20kgのシャフトに重量プレートを装着するので、軽く50kgになります。ケトルベルの重量区分で重い24kgや32kgは、ハードなトレーニングを行う人には少し物足りない重量だと思われるかもしれません。「よし、24kgなら軽いだろう。試しにやってみるか」となりそうですが、持ってみるとわかるように、持ち上げるにしてはなんだか扱いづらいし、持ち方がわからないので、つい端に追いやってしまい「ケトルベルなんて必要ないよ」、そして埃を被る、そんなことになってしまいがちです。

　ジムのインストラクターでさえケトルベルインストラクターのライセンスを持っている人は稀です。なので、使用方法が正確に伝わっていないために、我流で行い無茶なフォームになり、人によってはケガをしてしまうリスクも増えます。さらに目標が曖昧なのでまさに闇雲なトレーニングになってしまいます。

そこでケトルベルの情報をもっと知りたいという人はネットで検索しますが、日本はおろか海外にも詳細な書物がないのが現状です。さらに、ネット上にある多くの動画はライセンスのないインストラクターがただ重いケトルベルでトレーニングを行っている動画ですから、詳しい解説もありません。ケトルベルトレーニングの動きは身体の中の動き、つまり呼吸のタイミングや全身の動きの合致なので、傍から見るとわかりづらいという側面もあり、教材となり得る資料かどうかも判断しづらいのです。

　私が主催するNPO法人日本ロシアンケトルベル協会（JARK）のホームページを見て、「何かよい本はないのか」「どこに行けば指導を受けられるのか」といった問い合わせがあっても、推薦できる本はないし、地方の人は指導を受けづらいのが現状なので、いつも歯痒い思いをしてきました。よいものということは認知されているし、トレーニング方法を知りたい人が大勢いるのに伝えきれずにいました。詳しい解説を求めて私のところに来た人も、やはりネットで多くのケトルベル種目を見て実践し、既に何らかの癖がついていることが多々あります。

　ケトルベルトレーニングの動作にはひとつひとつに意味があります。そのことを理解する前段階で癖がついてしまい、誤った動作は修正が困難にならざるを得ません。中には、「48kgは持ち上げられるし、俺には必要ないな」と思ったり、「こんなもんか」でケトルベルのよさを全くわからずにやめてしまう人もいます。この場合、やめるというか始めてもいませんが…。そこで、私はケトルベルのよさを多くの人に、深く知ってもらいたいとの思いから本書の執筆に至りました。

形状と名称

　ここではケトルベルの形状と名称について解説します。図1-1の右が広く使われている形状で、左は競技用のケトルベルです。通常目にする形は右側だと思います。構造はシンプルで、球体部とハンドル部に分けられます。ちなみに私が購入した初期のケトルベルはその使い方が不明であったためか、ハンドル部にギザギザの滑り止め加工がなされてい

ました。実際にはケトルベルは結構手の中で回転するので、現在はハンドル部にギザギザの加工がなされていることはありません。初期ならではの加工であったとも言えます。

　ケトルベルの大きな特徴としてあげられるのは、やはりその形状です。成り立ちの由来である、大砲の弾の部分（球体）とハンドルが組み合わさっていて、ヤカンに似た形をしています。ダンベルと比べると、やはりその重心の位置が大きなポイントになります。

　ケトルベルの重心は手関節から遠い位置にあるので、ダンベルと同じ重さでも扱いづらく操作しにくいのです。お米の袋10kgを肩に担いで運ぶのか、ビニール袋に入れて手提げの状態で運ぶのか、ということをイメージするとわかりやすいと思います。当然、重心位置が遠くなるビニール袋のほうが運ぶのに苦戦します。

　ケトルベルは持ち上げるときには手の背側部分に乗せます。これをラックポジションと言い、手関節を中間位にするのがポイントになります（図1-2）。通常レジスタンストレーニングではバーベルであれ、マシンであれ、あまり手首の角度を気にする必要はありませんが、ケトルベルはその形状からどうしても力を出そうとするときに、手首は力まず「パンチする形」でロックしないといけません。バーベルでのベンチプレスを例にあげると、バーベルを取り除き、握った状態での手の形でパンチしてみてください。多分、パンチというよりは掌底打ちになってし

図1-1　ケトルベルの形状

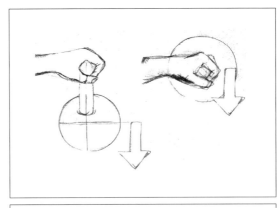

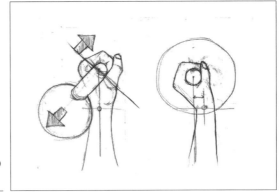

図1-2 ケトルベルの持ち方

まうと思います。スポーツにおいて手首の形は重要です。ゴルフでもバレーボール、自転車競技でも手首の形は気にしないといけません。

ケトルベルはどこから来たのか？

　ケトルベルの発祥地はロシアです。よくその名称からケトル（ヤカン）に取っ手がついてケトルベルになったという説は間違いらしく（そもそもヤカンに取っ手は既についています）、ロシアからアメリカに持ち込まれた際に、その英単語がなかったので英語でケトルベルと呼んだようです。ロシア語ではGIRYA＝ギリャ（Гиря）、ケトルベル運動を行う人をギレビクスと呼びます。では、なぜこの形になったかという

と、19世紀ロシア帝国軍は戦艦での戦いにおいて大砲を使っていましたが、その砲弾の装填は凄まじい重労働で、特別に強い兵士が必要になりました。まず重たい球体を抱えるということが難儀であり、幾度もその動作を行うのは難しい作業です。しかし、それほどに体力に秀でている兵士は少なく、装填が遅いと戦いでは命取りになります。

そこで考えられたのが大砲の弾にハンドルを装着して持ち運べば、少しでも迅速に行えるのではないか？　これがケトルベルの形の起こりです。その後、教官は、これを活かして兵士の体力増強に役立てようと考え、大砲の弾に見立てた超重量物にハンドルを付け、何度も持ち上げる運動を考案しました。つまり、ケトルベルはロシア軍兵士の訓練のために生まれたものです。そして、軍隊ではただ持ち上げるだけでは張り合いがないので、切磋琢磨させるために兵士同士を競わせました。なお、1985年には軍隊でケトルベルリフティングの競技会が開催されました。

現在もロシアではミリタリーチャンピオンシップという競技会が毎年開催されています。実際、私がロシア滞在中、小さい女の子からおばあさんまで、誰でもケトルベルのことは知っていました。ただ、ケトルベルのために日本から勉強にきていると言うと、例外なく変な顔をされましたが…。

また、ユージン・サンドウという人は現代ボディビルの父とも言われていますが、彼の彫像は世界最高峰のボディビルコンテストであるミスターオリンピアの優勝者のトロフィーになっています。しかしサンドウはなぜ有名になったのでしょう？　もちろん現代のボディビル界に多くの貢献をしましたが、それ以前に実は彼はヨーロッパでの怪力超人技のサーカス巡業を行っていました。その演技の中でケトルベルを用いた多くの演目を行うのと同時に、超人技の数々は高重量ケトルベルを使用したものだったので、彼の身体は自然に研鑽されていきました。彼もまたケトルベルでトレーニングしていた一人でした。その後に多くの観客を魅了し、イギリス国王からフィットネス分野における賞を受けたのも彼をヒーローにした要因であります。こうして彼はフィットネス業界で有名になり、彼はビジネスマンでもあったためにその露出の機会は多く、同時にケトルベルもヨーロッパ全土からアメリカ大陸へ知名度を上げていったと言われています。

現在、日本にある多くのケトルベルの形はアメリカから来たものです。材質は鉄製、ハンドル径は34～38mmで重量によって変わりますが、軽量ではもっと細いモデルもあります。そして重量によってケトルベルの球体の大きさが違います。このことにより遠心力を軽減し、より速いスピードを出して運動することが可能になりました。ではロシアから来た形はどんなものでしょうか？　図1-1の左図、こちらの材質はスチールで中に鉛が詰め込まれており、その鉛の量で重量が変わります。なので外観は8～40kgまで同一です。外観は一緒なのに重さが違うのはなんともサーカスの要素も入っているような気がします。実際はロシアでの主な用途はケトルベル競技（GS）のため、異なった形のケトルベルで遠心力などが変わってしまわないように統一されているからだと思います。まだ私が24kgのケトルベルしか所持していなかったとき、コーチに重量を増やしてくださいと言われ、「どうやって？」と聞いたところ、「ケトルベルの底を抜いて鉛を入れてフタを溶接してください」と言われたときには本当に驚きました。確かに可能なDIYの範囲ですが…。競技用ケトルベルのハンドル径は35mm。また、競技に使用するため各重量で球体部に黄や緑の塗装がなされています。

ウェイトトレーニングではない！

　よく誤解されてしまうことですが、ケトルベルトレーニングは筋肉を肥大させるためのウェイトトレーニングとは違います。日本においてなかなか広まらなかった原因がここにあるともいえます。私も10年ほど前に初めてケトルベルを目にしたとき、まさしく衝動買いをしてしまったのですが、使い方がよくわからず雑誌の見様見真似で、持ちながらスクワットしたり、プレスしたりとサーキットプログラムを組んでいたのを覚えています。そのうちに「バーベルならもっと重たい重量でできるよな？」と思い、一時ケトルベルから離れてしまいました。それは私がケトルベルをウェイトトレーニングの延長だと思い込んでいたからです。もちろんプレスやスクワットの種目はケトルベルトレーニングにも存在します。

体力のある人はついつい「ベンチプレス100kgを何回挙げられた」という話になってしまいがちです。そしてダンベルの代わりに重たいケトルベルを持ち上げてしまいます。しかし、どちらかというとケトルベル運動はピラティスやヨガに似ているといえます。呼吸のタイミングや自分の身体が今どのように動いているのか、筋肉がどのような状態になっているのかも考えて力を出す運動だからです。

なぜケトルベルトレーニングを行うのか？

　ではケトルベルの効果についてです。それはその人間の持つ「潜在力を引き出す」、これに尽きると思います。今現在、何かスポーツを行っていて「そのスコアをもっと上げたい！　勝ちたい！」と言う方は既にウェイトトレーニングを行っている場合がほとんどです。筋力はついた、除脂肪体重は増加した、でも、競技はなぜかうまくいかない。「これが俗に言う使えない筋肉ってやつか…」と悩んでしまう方は多いはず。そのような方の場合、力の発揮の仕方がうまくいっていない可能性があります。筋肉は増加しているのだけれど、使い方がわからないということは、身体に大きなモーターを積んでいるだけですから「なんだか重くて持久力も落ちたような気がするな」となります。筋肉とはいえ、動かなければ重たい鉛になってしまいます。しかし使う方法がわかれば使えない筋肉と嘆く必要もなく、続けてきたトレーニングが確実に実を結びます。これが「潜在力を引き出す」と私が言う所以です。あるものは出るし、ないものは出ません。努力したものはコツがわかれば引き出せます。

　ケトルベルトレーニングは数多くの種目がありますが、そのほぼ全てはフィニッシュポジションでの腹部のテンション（張力）と呼吸の一致を最重要としています。たとえば通常のウェイトトレーニングでスクワットを行う際に、フィニッシュで腹部の締めと呼吸を意識的に一致させてトレーニングしている方は多くはないと思います。すると、脚という部分では筋力は上がるのですが、競技のような全身運動になると骨盤を挟んだ上半身、下半身の一致が必要になるので、どうしてもトレーニン

グ成果を反映しにくくなります。ケトルベルトレーニングでは毎回その一致を行うことでの身体の締めを改善して、それが力の発揮・操作につながっていきます。

ケトルベルを操作してみる

持ち上げてみよう

　ケトルベルを持ち上げる。そんなことは簡単なのですが、意外にも最も注意するポイントです。ウェイトトレーニング中のケガでも、大部分はトレーニング中ではなく、ウェイトツリーからプレートを移動する際に起きるという資料を見たことがあります。ケトルベルもやはり同様で、不良姿勢からいきなり持ち上げてトレーニングを行う場所まで移動したとします。不良姿勢というのは円背の姿勢です。この状態では腰のケガのリスクが高まってしまい、そのまま運動すると不良運動パターンが身体にインプットされてしまうこともあり得ます。

　「これからやるぞ！」という状態で「グキッ」となっては本末転倒なので、ウォームアップのつもりで注意してケトルベルを運びましょう。

運んでみよう

　ケトルベルを移動します。移動するには当然ですが持ち上げなくてはいけません。この持ち上げるという動作はケトルベル・デッドリフトと同じになります（図1-3）。まず、ケトルベルの置く場所の準備です。図1-4を参考にしてください。置く場所は上から見れば骨盤の真下で、横から見ればケトルベルの球体はちょうど、踝の場所になります。こうする理由は重量物を安全に操作する場合、人間の支持基底面中央が最も安全だからです。

1）　動作に入る前に、まずは鼻から空気を吸い腹圧を上げます。これはその後、ケトルベルトレーニングを行う準備として必ず使う技術なので、押さえておいてください。これは外見からはわかりにくいのですが、重要なポイントになります。

13

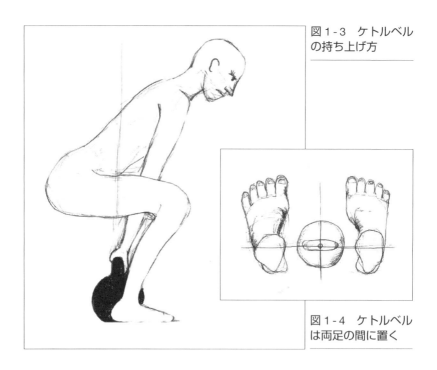

図1-3 ケトルベルの持ち上げ方

図1-4 ケトルベルは両足の間に置く

2) 左右の足は肩幅程度、腹圧を上げた状態で殿部を後方に引き膝を曲げます。脊柱に肩甲骨が外転しないようにし、腕の力を抜いて骨盤を立てる。脊柱の腰・頸のアーチは少し減少し脊柱に緊張（テンション）をつくる。手がケトルベルに触れるところまで身体を降ろしていき、ハンドルを握ります。ハンドルを持つことで肩甲骨が脊柱から離れてしまっていないか、肩甲骨の位置を確認してください。

3) この体勢から持ち上げていきます。後方に引いた尻を前に戻す感覚で行います。脊柱が丸まらないように注意です。持ち上げる動作のフィニッシュでの呼吸は、高まった腹圧を息を吐くのと同時に、さらに圧力をかけて少し空気を漏らします。歯と歯の隙間から鋭く空気が漏れて「ツッ」や「スッ」といった音が出ます。同時に腹部が緊張します。ドローインというインナーマッスルのトレーニングがありますが、内容は違います。

4) そのまま脊柱が前弯しないように歩行し、ケトルベルを運びます。実際行ってみればわかりますが、24kg以上になるとこれだけでもウ

ォームアップになるよい運動です。さらに注意するポイントとしては「腹圧をキープし続けて動く」ということです。最初は難しいですが、繰り返すうちに腹部から呼吸が逃げずに動けるようになります。
5) 置く際は、ケトルベルがしっかり地面に触れるまで腹圧を抜かずに行います。ケトルベルの運搬に限らず、腰部受傷は円背状態での体幹部側屈や捻転によることが多いです。

このケトルベルを運ぶという運動にはさらにバリエーションがあり、片手体側で保持して行うスーツキャリーウォーク（図1-5）、両手で体側に保持するファーマーズウォークがあります。

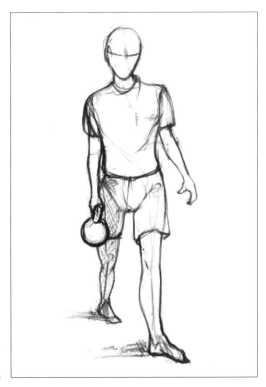

図1-5　スーツキャリーウォーク

安全対策・注意点

3m四方のスペースとケトルベルが1つあれば、ホームジムの完成だ！

ケトルベルを行う際のスペース

　ケトルベル運動を行う際のスペースについてです。ケトルベルが1つあれば私はホームジムに匹敵する恩恵が得られると思います（図2-1）。ここはケトルベルの長所でもあるのですが、行うスペースは自身の前方

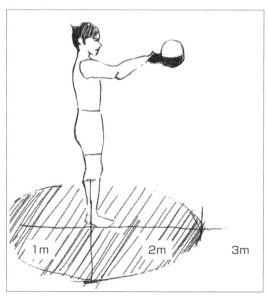

図2-1　ケトルベル運動を行うのに最低限必要なスペース

に2mと後方に1mあれば十分です。横幅は両腕が横に伸ばせれば十分です。

　トレーニングとしてはかなり省スペースで行えると言えます。3mあれば、ケトルベルのあらゆる運動ができます。誤って手を離した際を考慮して少し余分に確保するとよいでしょう。もちろん意図的にケトルベルをハンマー投げのように投げるというなら話は別です。2m以上投げてしまっても責任は取れません。以前、私が誤って手から32kgのケトルベルをスイング中に放った際は前方に飛ぶわけでもなく、手を離してしまったその場に、ハンドルが下向きになりスローモーションで垂直に落ちたのを覚えています。とっさに右足の甲で受け止めようと足を出しましたが、重量を考えて見守ることにしました。手を離してしまうような種目や、まだ不慣れで高重量を扱う場合には、屋外で行うことをお勧めします。

　さらに注意する点は、ケトルベルを頭上に挙げるような動作をした際に、誤って落下させて身体に接触させてしまわないよういつも心構えをしてください。トレーナーがついているなら話は別ですが、多くの方は一人でトレーニングを行うと思います。もちろん落とさないのがベストですが、バランスを崩して変な角度に身体を捻じられる気配があったら素直に放ってしまうのが一番安全です。屋内で落とすかもしれない重量を扱うときは分厚いラバーマットを用意するなど、対策が必要です。身体に激突すると大事故になる可能性もあります。脅かすわけではありませんが、くれぐれも無理な重量に挑まないようにしてください。どんなトレーニングも安全に続けられてこそ、よいトレーニングに成り得るものです。

　ケトルベル競技（GS）を行う場合は、前方に3mは確保してください。稀に競技会で、限界までの反復なので投げてしまう選手がいますが、1mほど飛んだのを見たことがあります。息も上がり消耗する運動なので、なるべく圧迫感などがないように行うべきです。下に敷くのは硬質のラバーマットがよいです。柔らかいスポンジマットですと力を緩衝されてしまうので、わずかながらパワーロスになり、毎回のロスの積み重ねが結果に影響してしまいます。

シューズの使用について

　シューズはメソッドでは用いることはないと覚えておいてください。理由は簡単で、メソッドでは足裏の感覚を大切にします。指がしっかりと触れているか？　足指がバランスを崩して床から浮いてしまっていないか？　は常に見られているポイントになります。屋外で行うときは裸足で…とは言いませんが、つま先と踵でソールに高低差がなく薄いもので行うようにしてください。

　GSの場合は主にウェイトリフティング用のシューズを使います。このシューズは踵にコルクやラバーで高さがあるものです。大なり小なりみんな踵は上がっていますが、高さはブランドによりまちまちです。日本では取り扱いが少ないので海外への注文になるかと思います。長く使うものになると思うので、テンションが上がるようなカッコいいものがお勧めです。私はサンクトペテルブルグで、コーチと一緒に結構高いロシアブランドのシューズ（当時ロシアルーブルが高かったのです）を買いましたが、なんだか気に入らなくて買い直した苦い経験があります。

マメの手入れ

　ケトルベルトレーニングを行うと摩擦部分の掌の皮は厚くなり、やがてはマメになります。このマメを放置したままトレーニングを続行すると、手の皮がマメごとめくれることがままあります。とくにスナッチやクリーンの掌で大きく回転する種目では、皮も剥けやすいです。その対策を紹介します。

対策その1

　厚くなったら自身で削って先に除去してください。私は硬くなった皮は、爪切りやまつ毛用のハサミで切り取るようにしています。ペロンと生皮ごと剥けてしまうと血が出てしまい、3、4日はトレーニングができませんし、何より痛いです。風呂に入ったときの痛さは半端じゃあり

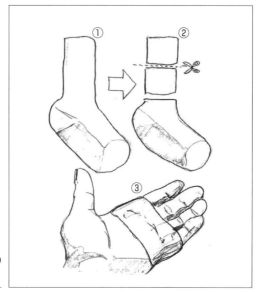

図2-2 ソックスリーブの
つくり方

ません。

対策その2
　ソックスリーブを使用する。これはインストラクターマニュアルにも紹介されている方法ですが、古い靴下をハサミで切って掌の部位に被せます（図2-2）。使用感は靴下の厚みがあるのでゴワゴワしてあまりよくありませんが、マメが剥けてしまったときに傷口の保護で使った記憶があります。ソックスリーブは頻繁にずれるので、私は軍手の指を切り落としたものを勧めています。

腕の痛み

　ケトルベルをラックポジションに持ってくると、必ず前腕にケトルベルが乗ることになります。軽い重量ならよいのですが、24kgを超えると結構痛くて赤く腫れることもあります。慣れてくるものですが、慣れるのにかなりの年月が必要なので、リストバンドなどで保護することを

お勧めします。

　ロシアの競技リフターたちは個人差がありますが、ケトルベルの当たる部分がコブのように膨れていて、自前の緩衝材ができ上がっています。このコブの中は血の塊です。私は以前に医師の診察を受け、レントゲン撮影し血を抜こうとして穿刺しましたが、中で血が固まっているので、ベッドの上で随分待ちましたが出てきません。医師からは見放される格好になったのを覚えています。コブのできたての頃は夜間に疼くような痛みもありますので、高重量使用の際は腕を守りましょう。

メソッド

ケトルベル・デッドリフト

動作スピードは
「自分の呼吸のスピード」になるのが理想

　1章で解説した「ケトルベルを操作してみよう」と同じ動きですが、エクササイズとして行う場合は、反復運動となります。もし「しゃがむとバランスを崩してしまう」や「足指が浮いてしまう」「鏡で見るとどうも背中が丸い」という場合は、ケトルベルの下にダンベルプレート（ラバー加工されてないものは重ねて厚みを出そうとすると滑るので注意）や硬い木材、家庭で行う場合は分厚い本を数冊重ねるとよいかもしれません（図3-1）。これらを置いてケトルベルの位置を少し上げると、適切なフォームを身につけやすくなりますので、トレーニングの際は、ぜひ試してみてください。

図3-1　高さを調整する

動作解説（図3-2）

❶まずは準備です。鼻から勢いよく吸息し、腹圧を上げます。鼻水をすするような感覚とも言われます。同時に腹部が膨らみます（A）。

❷その姿勢から殿部を後方に引き、ケトルベルをつかみます。膝は上方から見たときに前足部より前に出ないように注意します。そして保持したケトルベルにより肩甲骨を外方に引く力がかかるので、対抗するように肩甲骨が、外方に外れないようにする（B）。この際、力みすぎて肩甲骨が上がってもいけません。胸骨を前に押し込み、肩甲骨を下に抑え込むイメージ。

❸脊柱のアーチを保ち、肩甲骨の抑え込みが緩まないように引いた殿部を前方に押し返します。身体は真っ直ぐなラインになり、鋭く息を吐きます（C）。

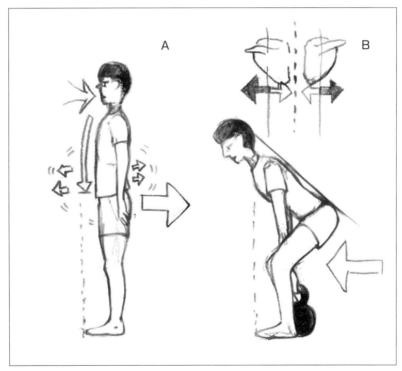

図3-2　ケトルベル・デッドリフト

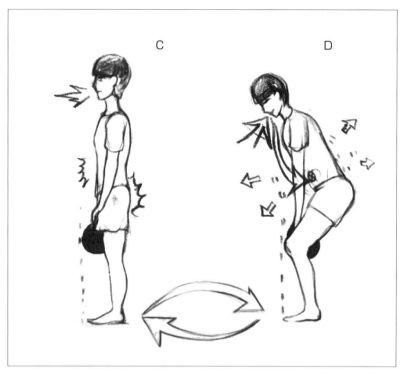

図3-2 (続き)

❹吐いたらそのまま吸息に移り、腹圧を上げつつ、殿部を引き、ケトルベルが下降しますが、床に完全に置いてしまうのではなく床に触れたら反復するようにしてください (D)。床に完全に置いてしまうとケトルベルの重さから解放されるので、レップ数を重ねると身体の緊張が抜けてしまう可能性があるからです。

　文章だと動作のスピードを伝えにくいのですが「呼吸と動作を合わせる」ことを考えれば、あまりいきんで呼吸が止まることはないはずです。自然な呼吸を行いつつ動くので、動作スピードは「自分の呼吸のスピード」になるのが理想です。

デッドリフトのフォーム

　引き続きデッドリフトのフォームの確認を行います。ではよくないフォームとはどのようなものかを見ていきます。
　図3-3を見てみます。図中に記してあるⓐとⓑの位置を見てください。本来なら図で示したⓐの位置の踝と踝の間にケトルベルがあるのが理想ですが、正しくないⓑではケトルベルの重心が前方にずれています。これでは自分の重心（この場合では骨盤の真下ⓐ）から大きく外れることでケガのリスクが増えてしまいます。さらに重心がⓑの位置にずれることで、肩甲骨①が外方に移動し胸椎が丸まる可能性があります。このようになると同時に②の腰の状態も丸くなってしまうのでよくありません。

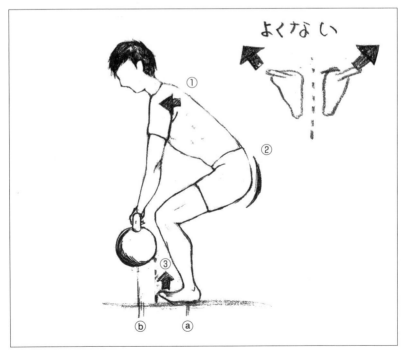

図3-3　ケトルベル・デッドリフトのフォームチェック

股関節が動くことを意識

　このような間違いを引き起こさないためには、ケトルベルを降ろして
いく際に「一番先に動くのは股関節」を念頭に置くことです。股関節か
ら身体が「折れる」というイメージを持ちます。こうすると背中が丸ま
りにくいため、膝が前に出すぎてしまうことも防げます。

　鏡の利用の是非も意外な問題です。よくあるのですが鏡を見てフォー
ムをチェックすることで頸部だけが反ってしまい、角度がついてしまい
ます。脊柱は骨盤から頸までテンションがかかった一直線を保たなけれ
ばなりませんから、よくありません。

　バランスを失うと人間は「おっと！」となり、足指は反射的に伸展し
てしまいます（図3-3③）。もし、靴を履いた歩行中ですと、靴内の上
面に足指関節部が何度も擦れるためにタコができます。

　私自身の経験で恐縮ですが、クライアントを指導する際は、裸足ある
いは五本指シューズで行っています。足指の関節に「タコ」がある方は
初見で股関節主動が苦手なのかな？　と疑うことができます。少ない時
間で適正なプログラムに随時変更していくためには、存外に役に立った
りもします。

　フォームが崩れる原因は他にも、ケトルベルの重量が重すぎる点や最
初の準備（肩甲骨を脊柱から離さず脇を締めておく内転＋下制＝パッキ
ング）が不十分ということがあります。肩甲骨が定位置から外れること
で、同時に重心も外れてしまいます。

　ここまでデッドリフトのよくないフォームを見てきましたが、最後に
トレーニング指導者からよく聞かれる質問があります。「デッドリフト
はバーベルで行うのと何が違うのか？」。ここでも図に活躍してもらい
ます。

　図3-4のようにバーベルのデッドリフトを行う際には、どうしても
シャフトは脛の前にきます。バーベル・デッドリフトを行ったことがあ
る人なら容易にわかると思いますが、膝の屈伸のタイミング次第では脛
にシャフトが擦れて脛から出血することもままあります。擦れるのを回
避しようとするとシャフトが前方に外れてしまいます。さらにバーベル

図3-4 バーベルのデッドリフト

の利点でもある高重量を使うことで、重心の位置が前方に逸脱しやすくなってしまいます。重心が移動すると不安定になりがちです。私はここにケトルベル・デッドリフトがバーベルに対しての利があると思います。ケトルベルの置く位置は踝と踝の間、図3-3でいうとⓐになるので、たとえ高重量でもパッキングをはじめとする身体操作の獲得がしやすく、脛にシャフトが擦れる心配はないので、初心者のデッドリフトの導入にも利があると思います。ただケトルベルでは最高重量の48kgを両手に持つデッドリフトを行っても96kgにしかなりません。私はこれでも凄まじい強度だとは思うのですが、バーベルならば遥かに重い、200kgや300kgまで重量を高くすることができます。

ケトルベル・スイング

スイングの目的は「力の発揮の反復(緊張と脱力)」にある

安全に行うために

　目玉のスイングについてです。実は空手の型である「サンチン」を大本にしてつくられたといわれるケトルベルトレーニング・メソッド。この種目はその根幹となる運動です。そしてケトルベルトレーニングでは「スイングに始まりスイングに終わる」と言われるほど基本となる代表的な運動です。

　しかし、その内容はさまざまな動きの集大成であり、複雑でもあります。スイングの目的は「力の発揮の反復（緊張と脱力）」にあると言えます。これは言い換えればケトルベルトレーニングを行う目的とイコールになります。またスイングからさまざまな種目に派生します。

　スイングは激しい動作です。ですから実施者の前方に2m以上のスペースを確保するようにします。気を抜いたら前方に飛んでいく可能性もあります。私以外でケトルベルが手からすっぽ抜けて飛ばしたことのある人は見たことがありませんが、もし手からすっぽ抜けて飛んでしまっても問題ないというスペースは確保しましょう。

動作解説

❶まずはケトルベルを置く位置です。スイングはケトルベルを少し前方に置いてケトルベルと自身の脚とで三角形をつくります（図4-1）。ケ

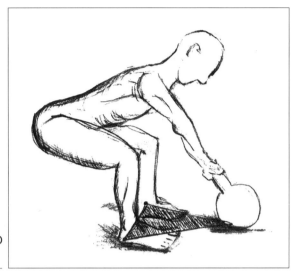

図4-1 スイングの
スタート姿勢

トルベルのハンドルを持ち、肩甲骨をパッキングさせて脇を締めます。するとケトルベルの尻が浮き、上腕前腕部の延長上一直線にケトルベルのハンドルがつながります。ここまでがスイングの準備になります。
❷ケトルベルをつかんだ体勢から少し膝を伸ばすとケトルベルが浮きます。浮くと振り子の作用で股の下に入ってきます。
❸それを反動に使い、殿部の伸展力で前方に跳ね上げます。ケトルベルは目の高さまで上げ、息を吐きます。股関節と膝関節は伸展し、身体は立位の状態になります。
❹上から落ちてきたケトルベルを股関節の屈曲で受け止め、また反動を用いてスイングします。
　このようにスイングは反動を大きく使う種目です。さらに遠心力の作用によって本来のケトルベルの重量以上の負荷を体感できます。この遠心力が肩甲骨周囲に独特の運動効果をもたらします。

詳細解説
　スイングは傍から見ると股関節の屈曲・伸展がメインの動作のような印象を受けますが、それにも増して重要なポイントは「回旋」です。イメージとしては体幹部という四角形の箱を腕・脚の付け根という角の部

29

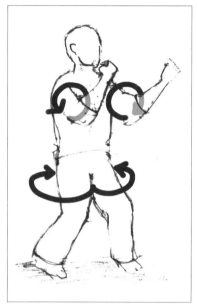 

図4-2　空手の「サンチン」　　図4-3

分からネジを使い体幹部を締め上げ、体幹部にエネルギーを圧縮するような形です。この上腕と大腿の回旋は空手の「サンチン」（図4-2）という型に似ています。

　締め上げは図4-3の動作のように、ケトルベルがトップポジションにきた瞬間に最も強く出ています。ここがスイング運動の肝心要です。

腕の回旋

　ケトルベルがトップポジションまできたときに、上腕部は脱力させて肘の内側（凹み）が向かい合うようにします（図4-4）。ここでちょっとした実験をしてみましょう。自分の右腕を水平まで持ち上げ、左手で右脇をつかみます。その状態で右の肘の凹みを上に向けるように捻ると脇の筋肉が動くのがわかると思います。ここがスイングで使われる肩を落とす筋肉になります。図4-3の動作、ケトルベルが跳ね上がる瞬間にネジで体幹部を締め上げます。

　そして遠心力は、ケトルベルが振られる際に必ず身体に対して末梢方

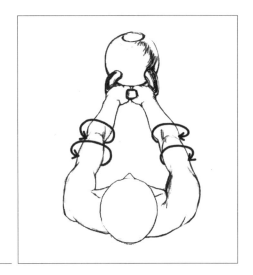

図 4-4

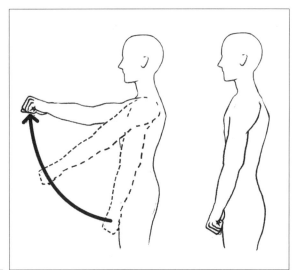

図 4-5

向に飛んでいこうとする力がかかります。その力をデッドリフト同様にパッキングで抑え込みます。スイングのよい点はデッドリフトに比べてパッキングを行う角度が多方向にある点です（図 4-5 左）。デッドリフトは垂直一方向のみです（図 4-5 右）。スイング動作の中では、脊柱の形を保とうとすると自然に遠心力に抗う必要がありますので、姿勢の矯

正にもつながります。

脚の回旋

　続いて脚の回旋ですが、メインは殿部になります。ここでも気づきの実験です。脚を広げて後ろに手をついて座ります（図4-6）。その状態から足の小指が地面につくように足を膝ごと回旋させます。すると尻に力が入り、尻の筋肉がモコモコ動いてるのを感じると思います。これがスイング動作の殿部の筋肉の作用です。

　大きい尻の筋肉の作用のメインは脚の回旋です。スクワットを行っても尻がギュッと引き締まる人と、引き締まりにくい人がいるのは、この尻の筋肉の働かせ方にあると思います。脚を回旋させるのですが、実際には地面に足底がついているので足部は回旋せず、ほんの少し膝蓋骨の方向が外を向く形になります。逆に殿部の力で足部まで捩じられてしま

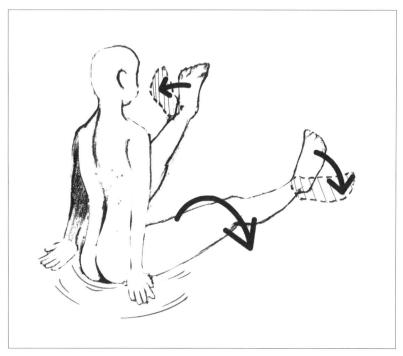

図4-6

わないように、足指で少し地面をつかんで接地面での摩擦を増やすことも重要です。

呼吸

最後に呼吸についてです。スイングにおける呼吸はデッドリフトと同様です。吸気の際に股関節が屈曲し、トップポジションにくる瞬間に鋭く「ツッ」や「フッ」と吐息します。吐息した瞬間に腹部は緊張し息が漏れた分、少し腹部が薄くなります。呼吸のタイミングは一定になるよう常にリズムを保ちます。

先の腕と脚の回旋をこの呼吸動作に合わせて行います。と言うか、自然に合うのが理想です。腕にはケトルベルのハンドルを持っているので、回旋動作の際はそのハンドルを「バキッ」と根元からねじって折るようなイメージで行います。脚の回旋では吐息の瞬間に腹部が緊張しますが、同時に殿部も緊張し、膝は少し外に回旋します。足底が殿部の回旋力で地面を引きずらないように留意してください。以上がスイング動作の詳細になります。

陥りがちな失敗

それではここからスイングで陥りがちな失敗についてです。「膝が前に出る」「頸部が反れる」「足指が上がる」というのはデッドリフトと共通の失敗なのですが、スイングでは新しく「手首が伸展する」というのがあげられます。これはスイングの振るという動作に慣れてない場合に陥りがちですが、肩が上がる（すくむ）と同時に、ケトルベルを力で持ち上げてしまうと、手首も反れて持ち上げることが多いようです。

とくに球体が小さいケトルベルで、8kgあたりでは遠心力が認識し辛く、力を出せば振るのではなく持ち上げることも可能なので、持ち上げるようになりがちです。球体の大きいケトルベルでは遠心力はしっかり働き、「振る」という動作になりやすいので、この失敗につながりにくいといえます。

コラム

重量の選択について

　重量の選択について述べます。これからケトルベルをやってみたいという方は、適正な重量がわからず、どれを導入しようか迷うと思います。あらかじめ述べると「男性は12kg、女性は8kg」です。

　もちろん扱える重量は本当に個人差が大きいので、正解はわかりません。ただ、失敗しない重量を選択するべきです。もちろん選択するべき重量は種目で変わりますが、重すぎるとフォームの確認も不十分のまま運動してしまうので、習熟のしようがありません。クライアントを指導する際は、セッションを進めていく中で、その人の運動経験などを聞きながら行うので、ある程度感覚で判断できますが、自分で自分を評価するのは多少難儀します。「一度ケトルベルに触れてから！」と思っても、東京の大型スポーツ用品店ならチラホラ見かけることもありますが、地方では在庫があるかどうかわかりません。それにスポーツ用品店で試すといっても、忙しくて時間を節約したいという方もいると思います。

　私もそうだったのですが、初めてケトルベルに触れたのはおよそ11年前で、当時私は北海道に住んでいました。なかなかマニアックなトレーニング用品を置いているところはなく、試してみたくて奔走しましたが見つかりませんでした。そこで当時の体重は85kg以上あったので、自分でも非力ではないと踏んで通信販売で20kgのケトルベルを購入しました。持ち方もわからないのでどうにも重くて涙を飲んだ苦い記憶があります。

　前述した目安は「男性は12kg、女性は8kg」、少し軽めの選択だと思うのですが、私としてはケトルベルを手軽にスタートして、無理をしないで続けてほしいという思いがあります。ケトルベルの売りでもある「省スペースで、1つあれば何でもできる」という長所を活かしていただきたいので、重い重量で1種目しかできない、となってしまうより、5つの種目をいろいろできたほうが楽しいと思うのです。私と同じように涙を飲んで「ケトルベル離れ」に陥らないように、ぜひ失敗しない重量をお勧めします。

5

スイングの派生

ケトルベルトレーニングは
「スイングに始まりスイングに終わる」

シングルスイング

シングルスイングは、「ケトルベルに捩じられない」、ただその一言が
目的です。図5-1のように振り上げたケトルベルの重さでパッキング
が外されてしまいそうになるのを、より強固なパッキングで抑え込みま
す。このスイングは片手で動作を行います。両手のスイングと同様のや
り方ですが、この種目のよい点はパッキングの左右差を露呈してくれる
点にあります。パッキングが不十分なだけで体幹部がねじられてしまい
い、股関節の働きまでも悪くなってしまいます。

このようにひとつの関節の動きが全身に波及してしまうという点の認
識だけでも、シングルスイングを練習する価値はあります。両手で行う
と、どうしても余力のある側の腕が余分に力を出してしまい、左右差を
解消しがちです。片方ずつ丁寧に動きを確認すると、今まで働いていな
かった肩甲骨周囲の筋肉が目覚め始めます。その後に両手で行うと身体
操作の感覚がよくなり、身体を少し高い次元でコントロールできるよう
になります。

スナッチやプレスもケトルベルをラックポジションに持ってくるため
にも、シングルスイングは使用頻度の高い種目です。

図5-1 シングルスイング

ハイスイング

　この種目はもっぱらクロスフィットや心肺系の持久力トレーニングで用いられます。目線まで上げる通常のスイングではなく、ケトルベルを頭上まで振り上げます。頭上にある状態で一瞬だけケトルベルの重力がかからない時間が存在するので、より反復回数を重ねることができるようになります。しかし、毎回頭上に跳ね上げる高い瞬発力が要求されます。注意点は頭上まで上げるケトルベルの位置です。安全のために170°付近までにしてください。慣れれば問題ありませんが、加速がついて180°までいくと制御できなくなり大変危険です。こうなるともう脱出のために後ろにケトルベルを落とさなくてはならなくなりますので、要注意です。さらに頭上では腰部の過伸展にも注意です。

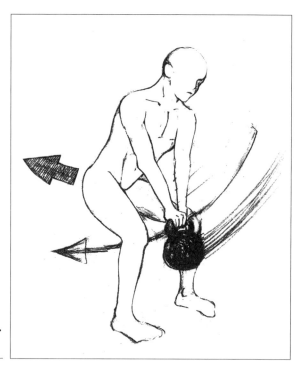

図5-2 スイング・
オーバースピード

スイング・オーバースピード

スイング・オーバースピード（図5-2）は、スイングの中でもより股関節の屈曲（スイングのケトルベルを振り降ろす動き）に焦点を当てた種目になります。

動作解説
通常のスイング（ツーアームスイング）のフォームで行いますが、トップポジションから下降する際に自身の力でさらに下方に引き込むようにします。そうすることでケトルベルが下降する際に、重力のみの通常のスイングよりスピードが出ます。オーバースピードは非常に負荷が高いので、ケトルベルの重量をツーアームスイングに比べて2/3ほど軽減してプログラムに組み込むとよいでしょう。

詳細解説

　オーバースピードの利点は股関節の屈筋群を動作に介入させることです。スイング動作では降ろしてくる動作でとくにフォームが崩れやすいのですが、それはケトルベルが落ちてくるときに体幹部の緊張が抜けてしまい、「降ろす」意識が希薄になり腹部や肩甲骨周囲の筋肉の緊張が抜けてしまうためです。落ちてくるダウンスイングを速くするこの種目は、降ろす動作をケトルベルの落下スピードより速く行うことにより、それまでなんとなく降ろしていた動作を自身で意識するのが最大の利点です。随意的に股関節を屈曲することで「股関節のメインモーターは殿部とその拮抗筋（股関節屈曲筋群）だ」と身体に教育します。

　文章にすると少しわかりずらいですが、簡単に言うと「降ろす動作も自分で行う」ということです。落下の際のフォームが崩れると膝が前に出てしまい、大腿部をメインモーターとして使う動作ではどうしても運動速度は落ちて、速度を上げることができません。ですから、オーバースピードができるようになれば、動作がうまく行えているということになります。

　では実際に「オーバースピードってどれくらい速いのか？」と言うことになりますが、自身の経験で言うと通常のツーアームスイングが17秒/10回、オーバースピードは14秒/10回になります。目安程度に参考にしていただければと思います。

　また、ウッドステッキ（およそ120cm）を使った方法もお勧めです（ケトルベルを使わない）。これはもちろん通常のスイングでも使えるのですが、ある程度の負荷をかけたいので、私が指導する際はオーバースピードで行います。また、オーバースピードで行うと腹部が緊張するので、クライアントの指導の際もスムーズに理解されることが多いように感じます。

　やり方は右手で頸部、左手を腰部に持ってきてウッドステッキを把持します。すると後頭部・胸背部・仙骨部の三点がステッキに触れると思います。胸背と仙骨部の反りの空間ができると思いますが、この空間は骨盤を立たせ、指一本分狭くするとからだにテンションがかかります。この状態でスイングの動きを行い、徐々にスピードを上げていきます。よくある失敗は、仮に頸部が伸展すると後頭部が高くなり、仙骨部は接

触していても胸背部はステッキから浮くことになります。必ず三点が触れたままで行うのがポイントです。

ダブルスイング

　ダブルスイング（図5-3）はもちろんスイングからの派生なのですが、両手に1個ずつケトルベルを持つことで、凄まじい強度を生み出すこともできます。

動作解説
　まずツーアームスイングに比べて足幅は大きく開く必要があります。両手でケトルベルを把持する必要があるため、2つ分の空間を確保します。

図5-3　ダブルスイング

通常のスイング（ツーアームスイング）同様の持ち方で2つのケトルベルをつかみ、脇を締めることで、ケトルベルのハンドルと腕が一直線になるように底を浮かせます。膝を少し伸ばすことで一度、股を通してからその反動を使い、前方に振り上げます。

　トップポジションにきたら重量を感じないほどなので、ケトルベルの滞空時間を長く保ちます。落ちてきたケトルベルは股関節を用いて衝撃を吸収し、再度反復します。

　この種目のメリットは大きく2点あります。

　1点は左右別々のケトルベルを持つことで、体幹部からの力の伝達の左右差を同時に確認することができます。

　左右差を見るという観点でいえば、シングルスイングがありますが、シングルの場合はケトルベルが1つで片腕の動作になります。そのため、シングルはダブルよりも体幹部への「捩じれ」に特化した種目になります。ダブルの場合は両腕に均等に負荷がかかるので「捩じれ」とい

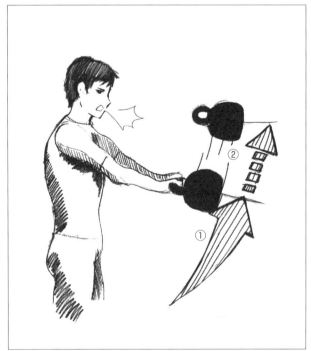

図5-4

う要素で比べるとシングルスイングより小さいのです。しかし、ダブル
は左右同時という瞬間に両腕の力の伝達が確認できます。

　2点目はやはりケトルベルが2つになることでの強度の高さがポイン
トになります。重量にこだわるのではなく回数を減らしてでもフォーム
の質・力の発揮の反復にこだわってください。重たいためにダラダラと
ただの振り子運動になってしまっては、もちろんよくありません。

詳細解説（図5-4）

　殿部を使いケトルベルを前方に振り上げるのですが、吐息した瞬間に
動作は終わり（①）、脚は地面に垂直に刺さるようなイメージです。ケ
トルベルはただその慣性でのみで（②）、振り上げるように強い力を発
揮します。そして滞空時間を多く取るようにします。もちろん重量があ
るのでツーアームスイングに比べてケトルベルの高さが出にくいのが注
意点です。ダブルスイングは股を通した際にケトルベル同士が衝突して
しまい「カチッ」と音が鳴ることもありますが、その点は気にせずに運
動してください。

　この種目は左右同様に同時に負荷をかけられるので、疲弊してきた際
にどちらかの腕に依存することが防げる種目です。そのために難度も高
くなります。たとえばツーアームスイングだと、回数が反復されると気
がつかないうちに利き腕での負荷割合が多くなっているかもしれませ
ん。また、たとえば20秒間動作を行って10秒間休憩というような高強
度インターバルトレーニングとしても相性がよいのも特長です。

```
コラム
```

ケトルベルの形状の選択

　形状は、1章で示したように大きく分けて2つあります。これも先に私の考えを示すと、径が全て統一されているタイプをお勧めしています。理由は重さによって径の異なるケトルベルだと、小さければ小さいほど、当然その径は小さくなりますので単に小さい鉄の塊を振っているような感じになります。ケトルベルは球体の部分が小さくなると相対的にハンドルが大きくなり、当然鉄なのでハンドルが重くなります。あたかもケトルベルではなく、ハンドルを振っているという不思議な感覚になります。これではケトルベルの利点である遠心力が活かせません。16kg以上になるとその径は十分に大きいのですが、最初から16kgを操るのはなかなか困難だと思います。その点、競技用のケトルベルは全て形状が統一されているので、軽くても十分な遠心力が得られます。

　実際、指導していると初心者で8kgしか扱えない方が径の小さい8kgを使うことで、軽く腕力で持ち上げて、振るという動作の習熟が遅れてしまうことがありました。もし私が「径の小さい8kgでスイングをしなさい」と言われると、重いものよりかえって困難に感じます。

　日本の家屋で使用する場合はやはり底部にゴムや何らかの緩衝材がついていると床を傷つけることもなく安心です。持ち手のハンドル部はギザギザのローレット加工（バーベルシャフトのような滑り止め）がされているものは勧めません。

　あとはケトルベルの塗装です。使用の際にチョークを使う場合はあまり錆を考慮することはないのですが、日本の風土ですと夏、湿気が多く、放置していると錆が出ます。ケトルベルは汗がついても案外に錆びやすいものです。錆があるとケトルベルを掌中で回転させたりするとゴワゴワして邪魔にもなるし、手の皮が剥けたりもします。ですからチョークを使用しない場合は、ハンドル部が材質剥き出しよりも塗装されているものが好ましいのです。

ケトルベル・クリーン

スイング後に、ラックポジションにケトルベルを移動させる運動

　ケトルベル・クリーンを解説していきます。クリーンはケトルベル・スイングを行った後に、ラックポジションにケトルベルを移動させる運動です（図6-1）。ラックポジションを正面から見ると、正中線に対して上腕部はおよそ30°外転します。もし、仮に両腕でクリーンを行った

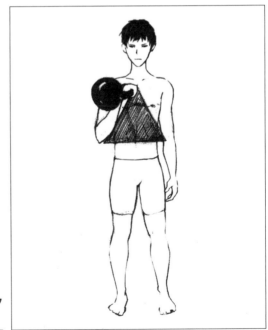

図6-1　ケトルベル・クリーン

図6-2

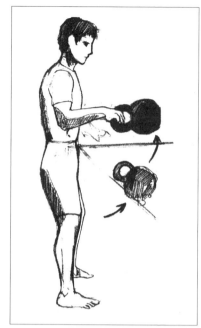

図6-3

場合、正面から見ると三角形ができるようになります。

動作解説

❶シングルスイングからの派生なので、途中までは同様の動きになります（図6-2）。

❷ここからケトルベルが体前方に振り上げられてきますが、横から見た垂直線に対しておよそ45°までケトルベルが上がったら脇が開かないように注意し、肘を屈曲させます。ケトルベルは惰性によりさらに持ち上がり、同時に前腕部も屈曲していきます（図6-3）。

❸ケトルベルのハンドルを掌で滑らせて、手の甲の部分をケトルベルがスルリと横から移動してきて前腕部に乗り、ラックポジションに収まります（図6-4）。

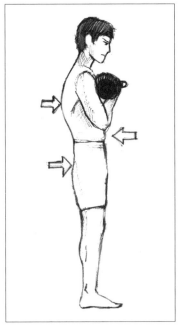

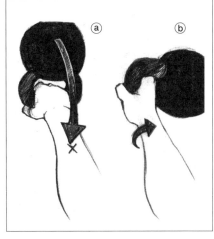

図 6-5

図 6-4

詳細解説

　注意点は図6-5ⓐのようにケトルベルを上に振り上げたまま、横に滑らせずに前腕に落下させないことです。そのまま落下してしまうというのは、腕部の回旋がないために起こります。

　図6-5ⓑのように腕部を外旋させ、肘の凹みが上を向くように操作します。すると脇が締まり、パッキングを行うことができます（図6-6）。

　ここでの回旋による脇の締まりがクリーンの要です。図6-5ⓐのまま落下させると、前腕部にケトルベルを打ちつけてしまい、痛恨の極みです。私は数えきれないほど打ちつけました。上手なクリーンは痛くありません。

　呼吸は図6-4のときにはスイング同様に殿部・腹部・脇部が緊張しますが、問題は吐息するタイミングです。図6-3の状態で吐息し、図6-4の状態で終わるようにします。「ツッ」「フッ」と一瞬で吐くので、

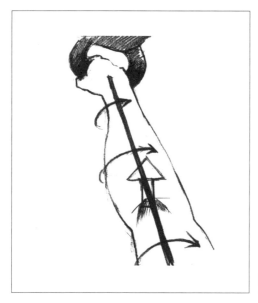

図6-6

　クリーンの図6-3、4の間は運動速度としてはかなり速いです。何やら文章にすると難解な運動ですが、要点さえつかめばそれほど難しくはありません。今後さまざまな種目でラックポジションに持ってくる際に自然に行えるようになります。

　クリーンをうまく行う動機づけとして、タオルを使う方法があります。クリーンで失敗してしまう多くの原因は、脇が空いているためにパッキングが行えずにケトルベルを垂直落下させてしまう点です。これを改善するのに私が勧めているのは、脇にタオルを挟む方法です。フェイスタオルサイズのものを二重もしくは三重に折り、肘の部分ではなく、ちょうど力こぶの横にくるように挟みます。そしてこのタオルを挟んだままでクリーンを行うという運動です。ガッチリとタオルを締めつけていると腕部そのものを動かすことすらできませんので、タオルが落ちない程度に締めつけて動作を行います。完全に脇が空かないことにはタオルは落ちません。この方法で何度か練習すると、最初は窮屈な感じがしますが、クリーンとはどういう動作なのか認識できるのでよい動機づけになります。

図6-7 ダブルクリーン

ダブルクリーン

　シングルクリーンをその名の通り両手で行う種目になります。ダブルスイングからの派生でもあります。ダブルクリーンでのラックポジションは腹部・殿部の緊張なしには保てないため、ラックポジションは「姿勢を保持する」という動作そのものに大きな刺激を与えることができます（図6-7）。
　この体勢で腕は30°ほど外転し、上腕部は締まり、体幹部に触れています。脇にタオルを挟んでクリーンを行う練習と同じ要領です。手指はケトルベルを握りますが、ラックポジションではハンドル同士を接触させて指を重ねてもかまいません。ただ、ハンドルに指を挟まないようにご注意ください。
　さらに、今後このダブルクリーンのラックポジションからのスクワットや、プレス、ジャークと移行することもできる重要な動作になります。必ずシングルクリーンで扱うことのできた重量で行うようにしてく

ださい。

動作解説

❶ダブルスイング同様に脚幅をやや広げて脚とケトルベルでできた三角の頂点に2つ置きます。ハンドルをつかみ、胸骨を前に押し込み、鼻から勢いよく吸息して準備します。

❷膝を伸ばすとケトルベルは自然に後方に振られます。

❸そこから引いた殿部を前方に突き出し、ケトルベルを前方に振り上げます。

❹シングルアームクリーン同様に約45°の高さまできたら肘の凹みが内側を向くように腕そのものを回旋させ、肘を曲げ、ケトルベルを自分自身に引き込みます。引き込んだ瞬間に鋭く吐息します。振り上がったケトルベルがスッポリと腕の上に収まります。これがラックポジションです。

❺ラックポジションでいったん停止したら、腕の緊張を解き、肘を伸ばし吸息し、ケトルベルを降ろします。再度後方に振られ、開始時同様の位置になります。これを繰り返し反復します。

ケトルベル・スナッチ

スナッチはケトルベルトレーニングでは有酸素運動の位置づけになる

　スナッチは、スイング同様に力の発揮と脱力の繰り返しです。ただ、頭上において「ロックアウト」と呼ばれるポジションが存在しているために心肺機能への負担を軽減でき、スイングよりも高回数・長時間の運動が可能になります。

　このスナッチは、ケトルベルインストラクターのライセンス取得のテストでもある重要な種目です。テストは50歳未満の男性の場合、24kgのケトルベルで5分間に100回が課題になります。この課題は厳しく、インストラクターコースを受けに行っても初日のスナッチテストがクリアできないと門前払いを食らうこともあります。実際、私が認定を受けに行ったときには、初日にはできず、2日目に再チャレンジの機会を与えられたのですがクリアならず、3日目には帰宅してしまう人もいました。今後インストラクターコースを受ける方は、これが合否の分かれ目になるので、最優先でスナッチテクニックを磨いてください。

動作解説（図7-1）
❶シングルスイング同様の始まりです（A）。
❷シングルスイング同様のフィニッシュです（B）。
❸ケトルベルの球体部分がスイングされた反動で跳ね上がります（C）。
❹跳ね上がったケトルベルに追いつくように腕を挙上していきます（D）。
❺ケトルベルが腕の背側部に触れます（E）。

図7-1 ケトルベル・スナッチ

❻腕は垂直まで上がり耳の後方にきます（F）。この状態を「ロックアウト」と呼びます。

詳細解説（図7-1）

　呼吸についてですが、10回ほどの低回数でしたらAの体勢で吸い、Fで吐きます。メソッドの場合は、動作と呼吸の一致を重視します。ロックアウトでフィニッシュした際に殿部と腹部の緊張を意識してつくり上げてください。15回以上の高回数ではフィニッシュでしっかり吐くことだけを意識してください。誰でも、当然息は切れてしまいます。「ハッハッハー」と動作のリズムに合わせ、息を切らされるのではなく、自ら切ってください。

　次はスナッチの際のケトルベルの握り方と前腕の角度です。見過ごされがちですが非常に重要なポイントになります。他の種目でも同様ですが、スナッチの際もハンドルを強く握ることはありません。A、Bのところでのみ、ケトルベルの重さを受けるために前腕の筋群が働きます

　が、A、Bの他は強くつかむところはないように行います。強くつかんでいる時間が長ければ長いほど、手の皮は剥けやすいですし、パワーロスになります。

　手首の角度と腹筋にはつながりがあります。手首をケトルベルの重さで反らされている状態でロックアウトさせて腹部の緊張を…というのは無理難題です。腕相撲でもパンチでも手首の角度は重要です。腕部から背部、背部から腹部に関節による力の通り道があります。出発点の手首を捻られてはグウの音も出なくなってしまいます。ケトルベルにおいても手首の角度に注意することは非常に重要です。

　ハンドルの角度は図7-2ⓐのようになるのが私のお勧めです。まだ慣れない間はⓑのように手首に水平にかかってしまいます。ⓐだとハンドルが手首の関節の付け根にかかるため、前腕の筋肉の消耗を緩和できます。ⓑだとケトルベルの重力で手関節を反らされてしまうため、スナッチの1レップごとに前腕を消耗していきます。手首を鍛える目的ならこれでも問題ありませんが、手首が反らされると体幹部までの連動が阻

51

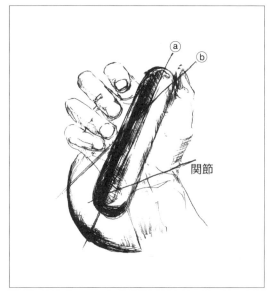

図7-2　ハンドルの角度

害される可能性があるため、腰や肩への負担が増えてしまい、スナッチを行った後に腰が痛くなったりします。

　逆に前腕の筋肉が過度に緊張してしまうと消耗してしまい、肘が曲がってきてしまいます。肘が曲がると肩の関節にも影響してしまい、ロックアウトを完成させることが難しくなってしまいます。自分の手で過度な力みがないポジションを探すことが重要です。

　ケトルベルをロックアウトポジションから降ろす動作は、図7-1A、B、C、D、E、Fの動きを反対に行います。初動は手首を少しだけ掌屈させてケトルベルの球体部を前腕から離すとうまくドロップできます。手首を差し置いて先に肘が曲がってしまうと、上げるときと同様のフォームでドロップするのが困難です。そしてスイング動作に移行する際のヒンジ動作が下に沈み込みすぎてしまうためにうまくいきません。

ケトルベル・スクワット

体幹部に緊張がある状態で股関節の柔軟性を向上できる

ゴブレットスクワット

　ゴブレットスクワットは、ケトルベルを身体の前面で把持してから行うスクワットです。ゴブレットスクワットは基本的にケトルベル1つで行うので、扱う負荷としては8〜32kg程度になります。ではこの種目はバーベルで行うのとどう違うのでしょうか。32kgのスクワットが必要なら、バーベルでも簡単に行えます。

　そこで図8-1を見てください。ゴブレットスクワットは膝の内側に肘が触れるようにしゃがみ込みます。このことがしゃがんだ際に膝が内側に入るニーインの状態を防げるようになっています。そして、このしゃがんだ地点（ボトムポジション）において肘で膝を押し広げ、股関節・足関節をストレッチすることも可能です。図のようにケトルベルを把持するため、パッキングを含む上半身の強さも要求されます。

　しゃがんだ状態での股関節の柔軟性は、スポーツにおいてもことさらに重要です。ゴブレットスクワットは「体幹部に緊張がある状態での股関節の柔軟性向上」になります。

　重い重量でガツンと筋肥大・パワーアップを狙う場合だと、断然にバーベルに利があります。反面、ケトルベルは自宅で行うに際して軽い重量で安全に負荷をかけられます。行うとわかりますが、身体前面で24kgを保持しながらスクワットを行うのはハードな運動です。

図8-1 ゴブレットスクワット

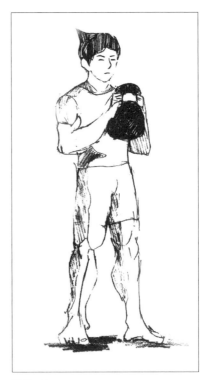

図8-2

動作解説

❶まずスイングの要領で、ケトルベルを前面に振り上げます。足のつま先は45°開いておきます。

❷ケトルベルが胸のあたりまできたら、手をハンドルの横に持ち替えます(サイドポジション、図8-2)。このとき、一瞬ですがケトルベルは手から離れた状態になります。ハンドルの横をつかんだら骨盤を立て、テンションがある状態で、身体を沈めていきます。

❸大腿部が床と平行より少し深くなるまでしゃがみます。このときに肘は膝に触れています。

❹いったん停止し、身体を持ち上げていきます。

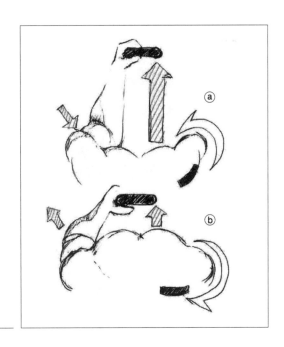

図8-3

詳細解説

　呼吸はスイングの要領で、最初ハンドルを持ち替えたとき瞬間に吐きます。

　図8-3はサイドポジションにおける上から見た肩の位置です。ⓐはよくありません。胸からケトルベルの位置までが肩が前にある影響で大きく広がっています。ⓑは肩を引き、胸を張っているのでパッキングできており、胸からケトルベルの位置も近く安定しています。ケトルベルは持ち替えた瞬間にパッキングできているのが理想です。重さでパッキングできず、肩が前に出てしまい、肘が垂直になり身体に押しつけられてⓐのようにならないよう注意が必要です。クリーンにおけるラックポジションと同様に、肘（上腕骨）は30°ほど外転すると覚えておいてください。

　図8-4はスクワットのボトムポジションの側面です。①のように頸部が反ってしまってはいけません。必ず顎は引いておきます。

　パッキングした肩甲骨を離さないようにし、吸息しつつ膝を曲げていきます。このとき、お辞儀するように上半身だけが倒れないように注意

55

図 8-4

してください。もちろんメインは股関節の運動です。

　次に②です。これは側面から確認してほしいのですが、足のつま先より膝が前に出ないように注意してください。出てしまう場合、足の幅が狭い可能性がありますので、少し広げると改善できます。

　③は足指の浮きです。これは頸部の反りと併せて出現することが多い失敗ですが、頭が後方にあるためにバランスを後方に崩してしまい、重心が後方にずれることで反射で足指が上がっています。スイング同様に足指が上がることはなく、地面を足指でつかんでおいてください。

　ボトムポジションからは吐息しながら勢いよく立ち上がります。さらにボトムポジションで停止して、足首・股関節をストレッチもできます。ストレッチを行う際は自然な呼吸を行い、肘で膝を押し広げることでパッキングの確認も行えます。そこから同様に立ち上がるときは、吐息しながら踵で地面を押すように身体を持ち上げます。

ゴブレットスクワットの修正方法

　引き続きゴブレットスクワットについて解説を進めていきます。前半ではゴブレットスクワットのよくない形を見ていきましたが、そのよくない形になってしまった際の対応について紹介します。

バランスを崩して指が浮く
　スクワットのボトムポジションまでいかずにバランスを崩して指が浮いてしまうケース。この場合、もちろんハムストリングスの柔軟性などもしゃがめないという問題をつくる原因ですが、可能性が高いのは股関節屈筋群の弱化が考えられます。本来なら人間は「しゃがむ」という動作を行えるはずなので、これができないのは本来あるべきものが少し弱ってうまく働いていないために起こります。

　両足をピッタリ揃えてからしゃがんでいくと踵が浮く方もいますが、そのような方は往々にして「ふくらはぎが硬くて…」と言います。なぜふくらはぎが硬くなったのかに注目してみると、股関節屈筋群が原因になっていることが多いです。

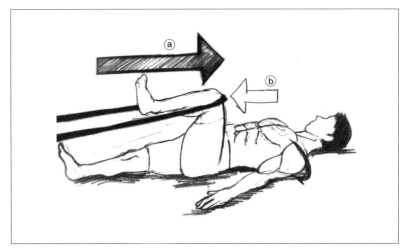

図8-5

それではどのような運動によって改善するとよいでしょうか。私が勧めているのは、床に仰向けで行うスクワットです。このエクササイズの目的は股関節屈筋群の主な腸腰筋の活性化です。やり方はパートナーがいるとよいのですが、チューブなどを使って負荷をつくることもできます。

　仰臥位になり、しっかりと肩甲骨をパッキングします。こうして身体を安定させ、図8-5ⓐの方向に膝を引きます。パートナーがいればⓑの方向に押してもらうといいでしょう。いなければチューブ（やや強め）を大腿部に引っかけて引き寄せます。チューブを使う際は、チューブがずれてしまわないように固定する必要があります。腿との接触部にタオルなどを巻いておくと滑り止めになります。この膝の引き込みを20回ほどしてからゴブレットスクワットを行うと、腸腰筋が活性化することで足指の上がりが改善でき、同時に腰部の緊張した筋肉を緩めることができます。なお、スクワットを行う際に腰部の過伸展のためにうまくしゃがめない場合は、ロールアップ・ダウンのエクササイズもお勧めです。

しゃがむと膝が内側に

　次はしゃがむと膝が内側に入ってしまうケース。これにはゴブレットスクワットのボトムポジションでの「ゴブレットストレッチ」がお勧めです。このストレッチは股関節を屈曲、膝関節を屈曲、さらに骨盤が後傾にある体勢で下腿、股関節内転筋群を伸ばすことができます。重要なのはゴブレットスクワットのボトムポジションで行う点です。これはケトルベルを把持しながら行うため、上体を前傾させずに（ケトルベルの重さで身体が倒れないように注意）パッキングありきで行うストレッチなので、効果があります。

　方法はゴブレットスクワットのボトムポジションの位置で、肘を使って膝を外方に押し広げつつ、重心を左右の足に乗せ替えて大腿部内側とふくらはぎを伸ばしていきます（図8-6）。こうすることで、しゃがむと膝が内側に入ってしまうという問題を改善でき、よりよいスクワットを行えます。

　ポイントは尻をしっかりと落とすことです。身体を降ろしてくると膝

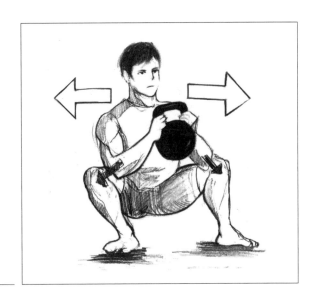

図8-6

が入ってしまったら、その高さで停止してゴブレットストレッチを繰り返し、徐々に深さを出せるようにして改善していきます。

ダブルスクワット

　ダブルスクワットは、ケトルベルを手に1個ずつ持って行うスクワットです。ダブルクリーンで扱うことのできる重量で行ってください。バーベルスクワットに比べても負荷は非常に高いです。その理由は2点あります。

　まず1点はダブルでクリーンをしてケトルベルをラックポジションに持ってこなくてはいけないのですから、当然クリーン動作のある分、難度は上がります。

　もう1点はダブルでしゃがんでいく際にケトルベルの重さで身体が前傾してしまうとラックポジションにあるケトルベルが腕からこぼれてしまう点です。1つ目は慣れの問題もありますが、2つ目は上体の強さと股関節の強さ、それに柔軟性の両立ができていないと、身体が前に倒れてしまうために失敗してしまいます。

図 8-7

動作解説
❶まずラックポジションに持っていきます。
❷胸を大きく保ち、吸息と同時にしゃがみ込みます。
❸膝の内側に肘が触れたところをボトムポジションとし、立ち上がります。回数は5〜8レップス行います。

オーバーヘッドスクワット

　オーバーヘッドスクワットは、ケトルベルが頭上にある状態（オーバーヘッドポジション）で行うスクワット種目の派生になります（図8-7）。この運動はケトルベルが頭上にある状態で肩甲骨を落として行います（下制）。腕を上げると肩甲骨は上方回旋するのですが、このとき手に持ったケトルベルの重さを胸椎でも受け止めます。胸椎で受け止めるというのは肩甲骨下端のラインにしっかりと荷重され、肩甲骨周囲

の筋肉が重さを負担します。

　私がインストラクターコースを受けた際は、このオーバーヘッドポジションで24kgのケトルベルを持って大きな屋外のグラウンドを周回させられました。もちろんそれはウォームアップです。

動作解説
❶スナッチもしくはプレスで、ケトルベルをオーバーヘッドポジションに持っていきます。
❷吸息し、胸郭を広げてボトムポジションまで降ろしていきます。
❸ボトムポジションで一度吐息してから吸息、そしてスイング同様に「ツッ」や「スッ」と吐息しながら開始の姿勢に戻ります。

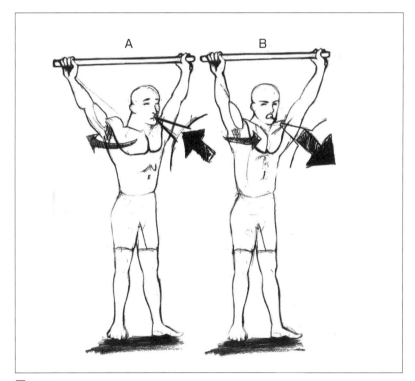

図8-8

詳細解説

このオーバーヘッドスクワットでの吸息は重要なので、少し詳しく解説します。まずは呼吸ですが、これまでにも吸息やら吐息やらのタイミングをしつこく述べてきたのですが、理由があります。当然のことですが人間は息を吸ったときに大きく胸郭が膨らみます。この胸郭が膨らんだ状態はパッキングが行いやすく、そのため肩の可動域を大きく保つことができます。

ここでひとつ実験をします。まず、ウッドステッキを挙上します（図8-8）。Aは大きく吸息ししゃがみます。Bは吐息してしゃがみます。横から見たときにウッドステッキが前に倒れないように注意しつつ、どちらがしゃがみやすいのか試してみてください。Aのほうが深く楽にしゃがめるはずです。

このことが股関節の柔軟性に影響を与えます。私が指導しているとオーバーヘッドスクワットが苦手な方は多いように感じます。大部分はしゃがみ込んでいくと踵が浮き、つま先立ちになってしまい、バランスを失ってしまうからです。通常このような状態の場合、踵に少し厚めの木の板を入れるなりして踵が浮いた際の補助を行いますが、その前に呼吸のタイミングを見直すと楽にしゃがめたりします。

最初の足を置く位置も非常に重要になります。肩幅より少し広めに取り、個人の柔軟性にもよりますが、つま先は45°以上開いておくのがいいです。もし、しゃがんでいって肘が曲がってしまうようでしたら、肘が曲がる手前までをボトムポジションとします。肘が曲がって、さらに深くしゃがむと、腕が前に倒れてしまったりして肩に過剰な負荷がかかるので勧めません。オーバーヘッドポジションでは、肩甲骨間を広く保ち、縦のテンション、横のテンションを効かせて腰椎部が滑らかに動くことも重要です。

TJ Special File
月刊トレーニング・ジャーナルの連載記事を単行本化

TJ Special File 1
エクセレント・コーチング
宮村 淳 編 ●定価1,650円（本体1,500+税10%）

TJ Special File 2
リスクトレーニング
ハラルド・ポルスター 著　綿引勝美 訳　●定価1,980円（本体1,800+税10%）

TJ Special File 3
「子どもの世紀」へのプレゼント
子どものからだと心・連絡会議 編著、ベン・サルチン・正木健雄 著　●定価1,375円（本体1,250+税10%）

TJ Special File 4
考えて食べる！ 実践・食事トレーニング
奈良典子 著　●定価1,650円（本体1,500+税10%）

TJ Special File 5
スポーツ現場で知っておきたい　薬の話
原田知子 著　●定価2,200円（本体2,000+税10%）

TJ Special File 6
姿勢チェックから始める
コンディショニング改善エクササイズ
弘田雄士 著　●定価1,760円（本体1,600+税10%）

TJ Special File 7
やめろと言わない禁煙指導
多田久剛 著　●定価1,100円（本体1,000+税10%）

TJ Special File 8
トレーニングを学ぶ　体育授業における理論と実践 ［改訂版］
下嶽進一郎 編著　●定価1,870円（本体1,700+税10%）

TJ Special File 9
スポーツ医科学トピックス 1
川田茂雄 著　●定価1,760円（本体1,600+税10%）

TJ Special File 10
身体言葉（からだことば）に学ぶ知恵 1
辻田浩志 著　●定価1,760円（本体1,600+税10%）

TJ Special File 11
選手の膝をケガから守る　チームで取り組む傷害予防トレーニング
大見頼一 編著　●定価1,760円（本体1,600+税10%）

TJ Special File 12
スポーツ現場の傷害調査　ケガの予防につなげるための取り組み
砂川憲彦 著　●定価1,100円（本体1,000+税10%）

TJ Special File 13
ムーブメントスキルを高める　これなら伝わる、動きづくりのトレーニング
朝倉全紀 監修　勝原竜太 著　●定価1,210円（本体1,100+税10%）

TJ Special File 14
コンディショニング Tips［前編］　スポーツ選手の可能性を引き出すヒント集
大塚 潔 著　［対談］中村千秋　●定価1,760円（本体1,600+税10%）

TJ Special File 15
コンディショニング Tips［後編］　スポーツ選手の可能性を引き出すヒント集
大塚 潔 著　●定価1,540円（本体1,400+税10%）

TJ Special File
月刊トレーニング・ジャーナルの連載記事を単行本化

TJ Special File 16
米国アスレティックトレーニング教育の今
阿部（平石）さゆり 著　●定価1,650円（本体1,500+税10%）

TJ Special File 17
ケトルベルトレーニング　入門からギレヴォイスポーツ（競技）まで
後藤俊一 著　●定価1,760円（本体1,600+税10%）

TJ Special File 18
スポーツ医科学トピックス 2
川田茂雄 著　●定価1,760円（本体1,600+税10%）

TJ Special File 19
コンディショニングテーピング　評価に基づき 機能を補う
古石隆文 著　●定価1,320円（本体1,200+税10%）

TJ Special File 20
スポーツ医学検定練習問題集 1　3級・2級（各74問）
一般社団法人 日本スポーツ医学検定機構 著　●定価1,650円（本体1,500+税10%）

TJ Special File 21
初めての骨折　マッサージ師が経験した「動き」と「痛み」の体験記
沓脱正計 著　●定価1,100円（本体1,000+税10%）

TJ Special File 22
パフォーマンステストとは何であるのか　スポーツ選手のためのリハビリテーションを考える (1)
スポーツ選手のためのリハビリテーション研究会 編　●定価1,980円（本体1,800+税10%）

TJ Special File 23
投球障害からの復帰と再受傷予防のために
牛島詳力 著　●定価1,650円（本体1,500+税10%）

TJ Special File 24
スポーツ医科学トピックス 3
川田茂雄 著　●定価1,760円（本体1,600+税10%）

TJ Special File 25
スポーツパフォーマンス分析への招待
勝利の秘密を読み解く、もう1つの視点
橘 肇 著　中川 昭 監修　●定価2,200円（本体2,000+税10%）

TJ Special File 26
サッカー選手のためのプライオメトリクス
エビデンス紹介と実践例
松田繁樹、内田裕希 著　●定価1,650円（本体1,500+税10%）

TJ Special File 27
スポーツにおける呼吸筋トレーニング
山地啓司、山本正彦、田平一行 編著　●定価1,650円（本体1,500+税10%）

▼お問い合わせ・ご注文は下記まで
ブックハウス・エイチディ　〒164-8604　東京都中野区弥生町1-30-17
電話 **03-3372-6251**　FAX **03-3372-6250**
e-mail bhhd@mxd.mesh.ne.jp　http://www.bookhousehd.com

ケトルベル・ゲットアップ

この種目は終始ケトルベルの重量により パッキングを行い続けられる

　ゲットアップは、ケトルベルを持った状態で起き上がる、という種目になります。この運動のよさは終始ケトルベルの重量によりパッキングを行い続けられるところにあります。肩甲骨の位置は身体の柔軟性に大きく影響を与えますので、そのポジションの「適正化」がこの種目の大きな意味になります。

動作解説
　ゲットアップの手順は他の種目に比べてやや長いです。動作中にはなるべく腕力を使わないようにします。ゲットアップを行うスペースですが、縦に2m、横は両腕が伸ばせる広さが必要です。動作手順に慣れても高重量を扱う際は油断せず、スペースを広めに取り、できればサポートしてもらえる人がいると安心です。
　ケトルベルの持ち方は、スナッチ同様に手首を曲げられないようにします（図7-2参照）。もしくは、力の抜ける位置を自分なりに探します。
❶まずは床に置いてあるケトルベルの隣に仰向けになります。そこから身体を横臥位にしてケトルベルのハンドルをつかみ、胸に引き寄せておきます。
❷右手でケトルベルのハンドルを持ち、左手でケトルベルのハンドルもしくは球体を支えながら肘を伸ばします。左腕を横に置き、腕を上げている側の膝を立てます。
❸右の足底、左の肘で床を押しつけて右上体を起こしてきます。胸部を

張り、身体が起きたら左の肘を伸ばして掌で地面を押しつけます。

❹右の足底、左の足部横面を地面に押しつけ殿部を床から持ち上げて左の肩から左の足まで一直線になるようにし、三点で身体を支持します（ハイブリッジ）。

❺左の足を引き、骨盤の下あたりに持ってきます。膝立ちになり、左の手を床から離し、上体を直立に起こします。

❻左足の方向を変えて、左足で地面を踏み込み、右足も膝と同時に脚を伸ばしていきます。

❼左足を前に踏み込んでトップポジションになります。

❽全く同じ手順で❶まで戻り終了です。

詳細解説

　それではさらに詳しくひとつずつ見ていきます。

　右手で行う場合は、右手をハンドルに入れて左手を上から被せます（図9-1）。

　横向きでケトルベルを抱き寄せてからゴロンとケトルベルごと身体を

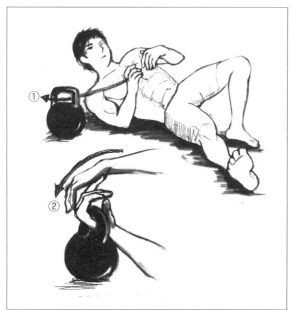

図9-1

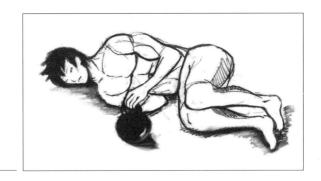

図 9-2

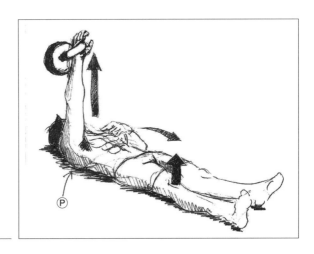

図 9-3

回転させ、上を向きます。決して腕で持ち上げないように注意してください。高重量になると腕力で持ってくるのは危険です（図9-2）。

　ケトルベルを一度両手で持ち上げてから左手を床に降ろします（図9-3）。

　股関節は90°、腕は45°を目安に外転を行うと次の動作が行いやすいです（図9-4）。さらに矢印の方向に肩を落としてパッキングを行います。手を突き出し、脚を広げたら右の膝を曲げて足の裏全体が床につくようにします。ここでの注意点は肩のパッキングです。図9-3のⓅを大きくして視点を変えて説明したのが図9-5です。

　図9-5ⓐでは肩をすくめるような力が入ってしまい、肩甲骨が床から離れてしまいます。図9-5ⓑではケトルベルの重さも利用して頸は

65

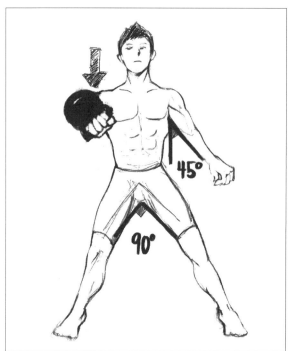

図 9-4

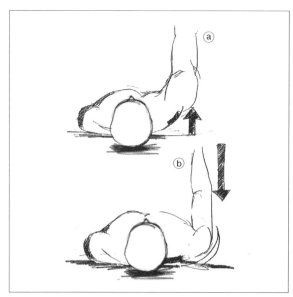

図 9-5

図 9-6　　　　　　　　　図 9-7

長く保ち（伸ばすイメージ）、肩甲骨を脊柱に引き寄せています。イメージとしては手に力を入れるのではなく、腕の根本をしっかりと肩甲骨で据えてやることで安定感を出します。

　ケトルベルを右手に持ったまま身体を起こしていきますが、まずは肘まで床から離します。このときは肘で地面を押し込むようにして胸を持ち上げていきます。次に、肘を伸ばして掌で支えます（図9-6）。このときに右手は押し出し、左肩のパッキング（肩の矢印）を忘れないようにしてください。

　図9-7はハイブリッジといわれる形です。身体を三点で支えて両腕がケトルベルに対して一直線に伸びています。ここでのポイントは右の股関節前面のストレッチです。両肩甲骨がパッキングされた状態で股関節のストレッチを行うことができます。

　図9-8はハイブリッジから左の足を引いてきた形です。

　足の引き方がやや難しいので図9-9に示しました。ハイブリッジの足の横面の位置が図9-9①で、骨盤の位置は図9-9ⓑ白丸です。図9-8での足の位置が図9-9②になります。左の膝の位置は図9-9ⓐ黒丸から骨盤のあった図9-9ⓑ白丸に持ってきます。このとき、左の脛の真

図 9-8

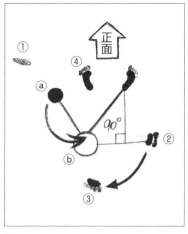

図 9-9

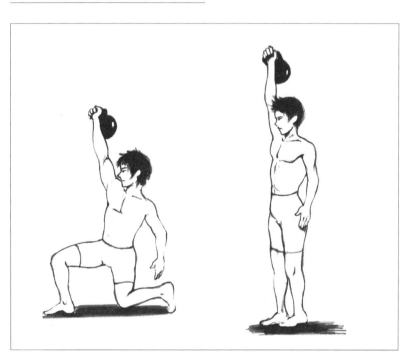

図 9-10

図 9-11

68

ん中に右足踵からの延長線が交差するようにします。

図9-9③が、図9-10です。足を90°回転させています。③は膝、①は踵、②と③はつま先しか触れません。そこから図9-9④まで立ち上がるようにして左足を骨盤幅に引き寄せ、直立します。

図9-11がトップポジションです。ここでは腰が反りすぎないように注意します。立ち上がる瞬間に吐息することで腹部を緊張させて行います。

コラム

ゲットアップ運動のルーツ

ゲットアップについて、より詳しく運動のルーツを調べてみました。ネットで検索してみると、日本語では「300年ほどの歴史がある、軍隊警察で行われている」といった記載でしょうか。そもそも誰がつくったのでしょうか。

父はドイツ人で、母はロシア人のユージン・サンドウが、115kgのバーベルで1895年に行ったという記述があります。まず、彼は115kgのバーベルを片手で頭上に持ち上げてからそのまま床に寝て、そして立ち上がりました。ゲットアップと手順は違いますが、これがもとになったようです。彼は1867年生まれのようなので、28歳のときにおそらくサーカスの見世物としてこの運動を行ったようです。1896年には、コンスタンテン・ステパノブという人も48kgのギリャで行いました。ではなぜ48kgというキリの悪い数字だったのでしょう。私なら50kgにします。

これも気になるので調べてみると、どうやら当時ロシアでは「プッド」という重量単位を使っていたようですが、1プッドが16kgだったために、きりよく3プッドのギリャが使われたということらしいです。ここからケトルベル好きなら必見の情報ですが、サンドウの身長・体重や胸囲がありましたので紹介します。

さらにゲットアップは元来、「トルコ式（ターキッシュ）ゲットアップ」と呼ばれていましたが、なぜこんな名前がついているのか、みなさんも疑問に思ったことがあると思います。これは以前ロシアでは、旧トルコのオスマン帝国と1568〜70年を皮切りに1914〜18年までの12戦目

まで長期にわたって戦火を交えました（露土戦争）。その中でロシアの中でトルコに敵対するイメージが広がっていき、サンドウがバーベルをトルコに模すことで「トルコなんてこんなにも簡単に手玉に取り、持ち上げることができるぞ！」というアピールを行ってサーカスを沸かせることでターキッシュやトルコ式と言われるようになったようです。なので、サンドウ以前にも誰かがサーカスで行っていたとすると、やはり300年程度の歴史があるようです。

運動というのは身体を鍛えるという特性上、軍事的なことに帰着してしまうのでしょうか、思わぬところで歴史の授業になりました。

怪力王ユージン・サンドウ

「子どものように身体は育成が大切である。それには練習、鍛錬が不可欠で、練習を行うことで次第に健康も身につく」

サンドウは少年時代病弱で、そのことが彼を心身鍛錬に駆り立てました。1901年、サンドウはイギリスにおいてアスリート体形の美のコンテストを行いました。コンテストには156名が参加し、その大半はサンドウシステムと呼ばれるサンドウが確立したトレーニングシステムにより鍛えていたようです。そのサンドウシステムを簡単に紹介すると、トレーニングを行うべき時間は食事の2時間後、1レップスは2秒、トレーニング後は冷たい風呂に入ること、としていました。

1913年のサンドウは、身長170cm、体重88kg、胸囲122cm、ウエスト80cm、上腕43cm、大腿63cm、下腿40cm、前腕33cm、という記載もあります。

ユージン・サンドウ

10

ミリタリープレスと応用編

力をプレス運動で計測でき、
トレーニング成果の「見える化」に適している

ミリタリープレス

　ミリタリープレス（図10-1）の名前の由来は、兵士の「気をつけ」の姿勢のように背中を真っ直ぐにした状態で動作を行うのが必須だったからといわれています。しかし実際には、バーベルの場合、バーが顎にぶつからないように少し反らせることが必要です。ロシアでは未だにほとんどのスポーツマンのトレーニングプログラムに、この種目が入っています。調べてみると、友達よりたくさんの回数を挙げるという「遊び」もあるようです。日本ではベンチプレスは競いますが、ミリタリープレスを競うというのは新鮮ですね。そこがスポーツ大国ロシアの強さの所以かもしれません。

　さらにこの種目は、ケトルベルインストラクターたちの間でもとても人気のある種目です。それは「強さ」の指標として扱われることが多いからです。実際にケトルベル上級インストラクター資格取得の合格のボーダーラインは、体重半分のミリタリープレスです。プレスの挙上重量を増加させるためにはいろいろな補助種目が重要になってきて、スイング、クリーン、ゲットアップを重ねることで挙上重量が伸びていきます。身体の運用はスイング＝ミリタリープレスです。メソッドではトレーニングにおいて発揮できる力の強化が目的ですので、その力をプレスという運動で計測することができ、トレーニング成果の「見える化」に

71

図 10-1　　　　　　　　　図 10-2

適しています。

　片手ずつ行うことで、左右差を確認できるのもよい点です。右はできるのに左が挙がらない、では何が問題だろうか？「俺は右利きだから当然かなぁ」ではなくて、その原因を探るのもミリタリープレスの醍醐味になります。

　では、ダンベルやバーベルを使わずケトルベルで行うミリタリープレスに、何のメリットがあるでしょう？　やはりケトルベルの形状を活かし、ハンドルを握り込まないでもプレスが行える点にあります。

　通常ダンベルでプレスを行うと、強く握らないといけません。ケトルベルも握るには握るのですが、余計に力を込める必要はないことで、より身体のコントロールに集中して動作を行えます。

　扱う重量はゲットアップを2回連続で行える重量を選択します。

動作解説

　まずクリーンを行い、ケトルベルをラックポジションに持ってきま

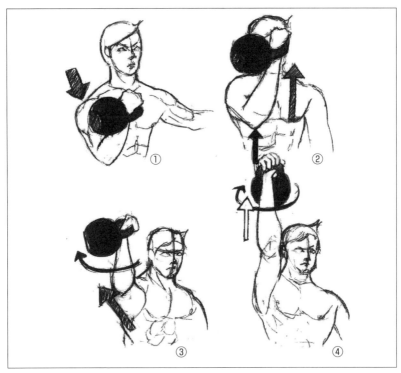

図 10-3

す。そこから頭上にケトルベルを持ち上げます。ミリタリープレスは非常にシンプルな動作です。

詳細解説（図10-3）

では詳しく追っていきます。シンプルであるがゆえに繊細な種目です。
1) まずはラックポジション①。この形が準備になります。いったん停止してここで鼻水をすするように強く吸息を行います。
2) 肩を抑え込む②。ケトルベルを上げていくモーションです③。肩が上がらないように注意してください。やはりパッキングが重要になります。
3) 頭上へ「ツーッ」と長い吐息を行いながら上げていきます。プレス

のトップポジションです④。
4)　吸息しながら②まで降ろします。
5)　再び①のラックポジション。
　　身体にケトルベルがぶつからないように降ろします。2レップ、3レップと続けていく際にバランスを失わないようにするためです。

　理想はケトルベルを挙上する際に体軸が倒れてしまわないように行うことです（図10-2）。身体が過剰に倒れてしまうことでミリタリープレスではなくなってしまい、肩や背部に過剰な負荷がかかり、ケガの原因にもなります。また、体軸が傾いてしまうことで肩甲骨が動いてしまうと、パッキングが外れてしまうために上がりにくくなります。
　インストラクター資格取得のテストにミリタリープレスが入るのは上級からです。このテストの際にも身体が反り横に倒れる（側屈）のは許容されます。この「少し」の倒しがケトルベルの高重量のミリタリープレスの肝になります。私は指導する中では「膝が曲がらないで挙げることができれば成功」というふうにしています。ですがなるべく綺麗なフォームで行えるようにしましょう。
　さらに最初のラックポジションで膝が曲がってしまわないように常に注意してください。これは本当に多い失敗です。高重量に挑むとラックポジションの際に、ケトルベルが重くて膝の伸びが不十分のままプレスを行うと膝の反動を使える分、上がってしまうことがままあります。バーベルでミリタリープレスを競っていた時代もこの判定が難しかったようです。ですが、これは無反動で行うミリタリープレスとは違う種目になってしまうので、何か特別な目的がない限りするべきではありません。
　図10-3はミリタリープレスの腕の動きについてです。わかりやすく4区分のイラストを用意しました。
　まずラックポジション①。ここからケトルベルを顎の高さ程度まで持ち上げます②。ケトルベルの高さはそれほど変わらずに肘が外方に回旋してきます③。ケトルベルを斜めに押し出していく感覚です。そこから肘を伸ばしてケトルベルを頭上に持ち上げます④。
　戻りの手順は④③②①です。身体が少し倒れるのは③のときですが、

④では身体は直立に戻り、肘は伸びます。高重量の際には、肘のダメージを抑えるため完全に伸ばしきる必要はありません。肘が柔らかく、伸ばすと反ってしまう方は注意してください。

　もう1点重要なのは、ケトルベルを把持しているのとは逆の手のコントロールです。図10-1の左手の矢印。プラプラに力を抜いてしまうのではなく、ラックポジションから引き上げていく段階の吐息するタイミングで掌を握り、全身を余すことなく緊張させて力を動員するようにすると、高重量も挙がりやすくなります。

ミリタリープレスの派生

　ミリタリープレスの派生を紹介します。

ダブルミリタリープレス
　ダブルミリタリープレスは、ケトルベルを2つ持って行うミリタリープレスです（図10-4）。非常に強度の高い運動になります。ダブルクリーンが安定して行え、ミリタリープレスが5回できる重量で行ってください。

　この種目は片手のミリタリープレスと違い、身体を側方（左右）に傾けることができませんので、よりストリクト（無反動）なミリタリープレスが要求されます。

シーソーミリタリープレス
　シーソーミリタリープレスは、ケトルベルを両手に持って行いますが、左右交互に挙げます。

シッティングミリタリープレス
　シッティングミリタリープレスは、座った状態でのミリタリープレスです（図10-5）。座ることで下半身の介入を制限します。こうすることで、腹部から上の力の発揮に集中して強化できます。膝をついて行う方法もありますし、ベンチに座って行う方法もあります。また、身体が柔

75

図 10-4

図 10-5

図 10-6

軟な方は床で脚を広げた状態で行うこともでき、バリエーションは多岐にわたります。

　もちろんバーベルでのミリタリープレス（図10-6）もお勧めです。重量が上がるために強烈な刺激を体幹部に与えてくれますが、腰部に不安のある方はベンチの背もたれを利用したり、無理な重量に挑まないなどの対策を怠らないようにしてください。

■ミリタリープレスの記録

　文献によると、1967年4月15日にユーリ・ブラソフという人が199kgのミリタリープレスを成功させたようです。今までこの記録は誰も破ることはできていません。

　ユーリ・ブラソフはスポーツマンだけではなく作家であり、政治家でもあったようです。彼は69歳のときにも185kgを成功させていて、かの有名なアーノルド・シュワルツェネッガーも彼に憧れていたという話もあるほどです。

プログラム構成例

　ここまでメソッドにおいてのベーシックな種目を解説してきました。スイング、クリーン、スナッチ、スクワット、ゲットアップ、ミリタリープレスの６種目になります。「この６種目をまんべんなく全てやりましょう！」ということはなく、基本は自身の目的や好みに合わせることになります。中でも重要なのは、スイング、ゲットアップ、スナッチです。スイングとゲットアップで基礎を養い、持久力向上のためにもスナッチを取り入れます。私自身スナッチは本当によく行いました。

　では、ケトルベルのプログラム構成はどのようにするべきでしょうか。既述の種目を使って構成してみます。

　ケトルベルの運動は大きく大別して２つあります。１つはバリスティックと呼ばれる反動を使った動作で、スイング、クリーン、スナッチがこれにあたります。もう１つはグラインダーと呼ばれるものでプレスやゲットアップ、スクワットがあてはまります。バリスティックな運動は回数としては比較的多めです。10回から20回入れていきます。対してグラインダーは３回から８回で組んでいきます。

　プログラム例は５種目でつくりました。所要時間は40分程度に収めてください。トレーニングの前後には各20分程度のストレッチ、ウォームアップ、クールダウンを行うようにしましょう。もし、時間がないときにはトレーニングを優先してしまうのではなく、ストレッチの時間を優先させてください。疲れているときは躊躇なくトレーニングを休むか、30分程度の軽いランニングに差し替えます。心地よい疲労をつくるように自身のコンディショニングを優先します。

　では、簡単に回数と目的を紹介します。

目的：強くなりたい、ケトルベルが好き

　単純に強くなりたい。そしてケトルベルの形状というか黒さ、アンティーク的なところが好きだという方向けです。

1. ファーマーズウォーク　1分×2セット　ウォームアップです。
2. シットアップ　30回×3セット　以下の種目の合間に行うとよいです。
3. スイング　15回×5セットから10セット。
4. ゲットアップ　左右3回ずつ　ミリタリープレスのウォームアップ、スイングの疲労回復。
5. ミリタリープレス　3回から5回×2セット。

目的：持久力

1. ハイスイング　軽い重量で20回×1セット　ウォームアップです。
2. スナッチ　メインです。休みを入れつつ左右50回ずつ。
3. バーピー　スナッチが終わったらノータイムで開始します。
4. ファーマーズウォーク　軽い重量で1分半×1セット。
5. プルアップ　5回×2セット　最後は気持ちよくプルアップです。

目的：パワー

1. スイング　ウォームアップです。軽い重量で丁寧に行います。10回×2セット。
2. プルアップ　3回から10回×2セット。疲れない程度に入れます。
3. スクワット　3回から8回。セットごとに回数を増やして3セット行います。
4. ミリタリープレス　メインです。3回から5回×4セット。
5. ゲットアップ　クールダウンです。軽い重量で行います。

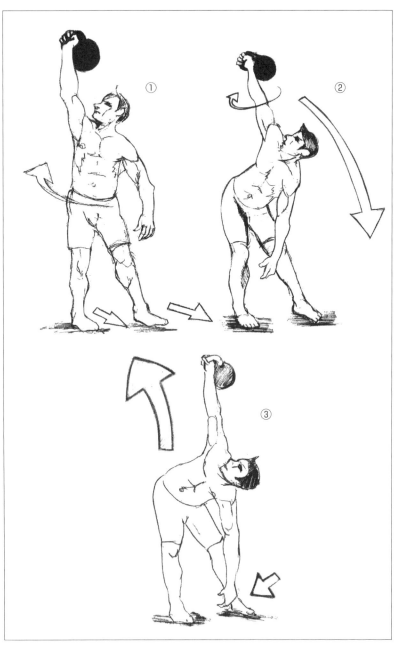

図 10-7

ウインドミル

ここからは少しベーシックなものからは外れて応用編に入ります。

ウインドミルは強さと柔軟性を磨くのに適した運動です。ウインドミルをスナッチやミリタリープレスのオーバーヘッド種目の前に入れておくと、パッキングがしっかりと行えることでよい練習につながります。個人的にも、ウインドミルは大好きな種目です。ゲットアップのできる重量、もしくはそれより軽い重量で行います。

動作解説
❶まずは頭上にケトルベルを持ってきます。プレスでもスナッチでも問題ありません。
❷足の方向を変えます。足先が両側同じ向きに平行に45°の方向を向きます。
❸股関節を折るようにして膝を伸ばしたまま、殿部を後ろに引きます。
❹同時に上半身を足先の方向に倒してきて、目でケトルベルを捉えます。
❺自身の内踝に手がくるまで倒します。
❻膝が曲がらないように注意しつつ、身体を起こしてきます。

詳細解説（図10-7）
この種目は肩のパッキングとハムストリングスのストレッチ、体幹部の筋力向上に効果的な一石三鳥の種目です。

まずはオーバーヘッドポジションにケトルベルを持ってきます①。上腕がしっかりと垂直になるように立ててください。ここで腕が前傾してしまうと後の動作がうまくいかなくなります。

右手でケトルベルを持っている際は、左に斜め45°に両足つま先の方向を変えます②。鼻から強く吸息します。

そこから殿部を後方に引くのですが③、よくある間違いとしては身体を側屈させてしまって股関節が折れないことです。たとえるならお辞儀

をするにも背中が丸まっているお辞儀なのか、背すじがビシッと伸びているお辞儀なのかの違いになります。③の初動としてはまず、骨盤を立て、股関節をたたむように上体を倒していくと、ハムストリングスが伸びてきます。

根元が倒れたら上半身もゆっくり倒していきます。この際目線はケトルベルに移して上方を見ます。

左の手が内踝、床に触れられればなおよいです。床に触れるためには上半身はやや側屈してくる必要があります。ゆっくりと動作範囲を広げるようにしましょう。下までできたらここで一度静止します。再度吸息。

起き上がるのと同時に強く吐息します。やはりここでもスイングにも登場した「ツッ」「スッ」の呼吸を行います。

ニーリング・ウインドミル

ウインドミルの派生ですが、身体がうまく曲がらない方や柔軟性に自

図10-8

信がない方はニーリング・ウインドミル（図10-8）をウインドミルの前に行うのがお勧めです。

動作解説（図10-8）

　膝をついた状態でのウインドミルになります。つくほうの膝はケトルベルを持っていないほうの膝になります。もし膝をついて痛い場合は、2つに折ったタオルなどを入れてみてください。

❶まず、身体を倒して左の手を床につきます。

❷ここから①の方向に重心を移動させて、尻をスライドさせながら左の肘を②の位置につくように降ろしていきます。

　このとき左の手は床から離さずに肘の関節だけが曲がる動きになります。やってみると案外にキツイ運動なので、最初は「肘を床に近づける」。できるようになったら「床につく」というプロセスで進めていくようにします。肘が曲がったところでいったん停止し、息を吐きながら身体を起こしてきます。回数は3回から5回行います。

■湿気に弱いぞ！　ケトルベル

　ケトルベルの誕生の地は、ロシアという寒く乾燥した風土でした。元来、ハンドルはおろかボディにも塗装がされていないので、日本のような高温多湿の梅雨時期、みなさんのケトルベルの調子はいかがでしょうか？

　ハンドルの錆、ボディの錆はケトルベルの大敵です。さらに運動中の汗によるダメージも蓄積していることでしょう。

　錆びてしまったケトルベルのケアの方法としては、まずサンドペーパー（超荒目）でしっかり錆を落とし、天日干し、そしてチョークを塗る、というのが王道です。しかし何より放置（暑さでトレーニングをサボらず！）せず、トレーニングのたびにチョークをつけてあげることが最高のケアになります。

11

ケトルベルを用いたトレーニングプログラム

プログラムデザインは
必ず弱点を克服するための種目を入れる

トレーニングプログラムの応用

　前章では簡単に持久力向上やパワー養成など、わかりやすい目標を提示しましたが、ここではやや専門的なプログラミングについてです。

　ケトルベルトレーニングを行っていくにあたって重要なこと、それは「自身の弱点を知る」という点があります。また、ケトルベルを行うことで弱点の発見にもつながります。そのためには今自分の身体がどのような状態にあるのかを確認する必要があります。私はその状態を確認する方法として、Gray Cookらが考案したFMS（ファンクショナル・ムーブメント・スクリーン)*を多用しています。このプログラムの応用はとても自由度があり、複雑なので実施者というよりコーチや指導者向けの内容になります。

　最初にお話したようにケトルベルトレーニングは単純な筋力トレーニングではありません。直接的な言葉を遣うと身体能力の向上を狙っています。しかし、向上させるにもどこを狙って向上させるのか、その端緒を見つけるのは容易ではありません。そこで使うのがFMSになります。

＊FMSについて詳しく知りたい方は、『MOVEMENT』（Gray Cook、翻訳はナップより
　刊行の『ムーブメント―ファンクショナルムーブメントシステム：動作のスクリー
　ニング、アセスメント、修正ストラテジー』）、また『アスレティックボディ・イン・
　バランス』（ブックハウス・エイチディより刊行）を参考にしてみてください。

これは7つの簡単な動作テストを行うことで実施者の動作パターンと柔軟性を点数で評価することができます。7種目ありますので最高点は21点です。

　私はソウルでこのFMSの講義を受けてきたのですが、ケトルベルインストラクターや医療従事者が非常に多かったのを覚えています。それほどリハビリテーションの分野からも注目されている手法です。人間の身体でもし強いところ、弱いところ、平均的なところがあったとすると、スポーツのように全身の動作になると弱いところに動作の質が制限されてしまいます。つまり「強い」＋「強い」＋「弱い」＝「弱い」ですし、「平均」＋「平均」＋「平均」＝「平均」となります。もちろん前者は何かしらトレーニングを積んで「強い」という評価が2つあるのですが、スポーツになってしまうと「弱い」部位に足を引っ張られる結果になる可能性が高いのです。

　仮にFMSのスコアが10点の選手と21点の選手を比べると、最初は運動経験の長さなどで10点の選手が勝ることもありますが、長期的に見れば21点の選手のほうが有利です。なぜかというと弱点がない分、ケガがなくプラトー（停滞）に陥る期間を短くし、伸びしろを自由に使えるからです。対して10点の選手は同様に伸びしろがあっても何らかの形で制限されていますので、その部分を解放するようなトレーニングプログラムをデザインするべきです。

　私は指導する際も自身のトレーニングを行う際も、必ず弱点を克服するための種目を入れるようにしています。私は中学生の頃からトレーニングに明け暮れており、もともと身体が硬かったのに加えストレッチも何もやらないことで、まさに絵に描いたような身体の硬さでした。それは私のトレーニングプログラムが間違っていたからです。何も考えずに上腕二頭筋と胸筋を鍛え続ければどうなるかはわかります。タイムマシンで過去に戻れるなら尻を叩いてやりたいです。

　脱線してしまいましたが、弱点を知るというのはそれほどに重要なことです。ではその弱点の種類ですが、「弱点」には大きく2種類あります。動作パターンと柔軟性です。どちらかが劣っていると互いに作用しますので干渉し合います。ケトルベルを使うトレーニングでは、どのようにしてこれらを改善するかがポイントです。

85

プレエクササイズという存在

　ここではプレエクササイズという概念についてお話します。これは大きな意味でいえばトレーニング前のウォームアップであり、クールダウンでもあり、細かい身体操作の発見ともいえます。プレエクササイズの種類について述べると本が一冊できてしまうほどですので、ケトルベルを使った取り組み方を見ていきます。

　FMSから得た点数を例に考えてみます。たとえばオーバーヘッドスクワットテスト（図11-1）ができない、評価が1だとします。1ということは、しゃがんでいくと腕や胴体が前方に倒れて、膝が曲がらずにしゃがみ込めていない状態です。オーバーヘッドスクワットができないという問題に対してどう取り組むか？

　オーバーヘッドスクワットテストは上肢を挙上してスクワットを行うテスト方法です。これには腸腰筋の短縮による骨盤のコントロール、足首の柔軟性、膝が内側に入ることによる膝の屈曲制限などがあります。問題点を簡単に列挙してみます。

図 11-1

1) 胸郭体の柔軟性。
2) 骨盤の動き。
3) 股関節の柔軟性。
4) 足関節以外の動き。

　これらがオーバーヘッドスクワットの改善するべきターゲットになるのですが、動作パターンと柔軟性が問題の場合は、柔軟性から攻めることになります。

　まずは肩甲骨周囲の柔軟性ですが、後述のアームバーが私のお勧めです。この種目はベントプレス、ミリタリープレス、ゲットアップのプレエクササイズとしても威力を発揮します。

　その後にケトルベル・オーバーヘッドスクワットをシングルベルで行います。これは両手で行っていたオーバーヘッドスクワットを、まずは片手でやってみることで難易度を下げます。

　これは一例ですが、オーバーヘッドスクワットの実施者の棒中央にチューブを引っかけて、チューブを引くことで負荷を与えるのもよい手法です。片手、両手と行い、腕が前方に引き倒されないようにします。

　その他にも通常の肩関節ストレッチを組み込んだり、広背筋のマッサージ、ゲットアップをしたり、あらゆる方法で両手を挙げた状態でのスクワットができるように肩の柔軟性を養います。

　それからゴブレットストレッチを行い、上記の 1) ～ 4) にアプローチしていきます。膝の正しい屈曲に関してニーインの兆候がある場合、膝をゴムバンドで巻き、股関節の外転方向への負荷をかけてスクワットすると正しい動作パターンと強化につながります。プログラムはアイデア勝負です。

　ケトルベルのトレーニング構成は多岐にわたりますが、FMSの結果を向上させようとするとひとつの指針となるために構成しやすいです。ケトルベルトレーニングを行う場合、必ずその正確性を重視してください。それが安全に伸びしろを増やす最も効果的な方法です。わかりやすくプログラム作成の順を追うと以下のようになります。

1) 自分の弱点を発見する。

2) 目標とする動作パターン、柔軟性を認識する。
3) 何が必要かを考える。
4) そのために必要なトレーニングを用意する。トレーニング前のプレエクササイズ。
5) 一定期間トレーニングを進める。
6) 定期的に最初に立ち返り、弱点克服の進捗状況を確認する。

アームバー

アームバーはケトルベルトレーニングで行うプレエクササイズでも非常にお勧めの種目です。肩甲骨周囲の筋肉を動かすことで柔軟性の向上によく働きます。

動作解説（図11-2）
❶ケトルベルをゲットアップの要領で仰向けになり持ち上げます。重量は男性でも最初は4kg程度から、動作に慣れてきたら徐々に重くする

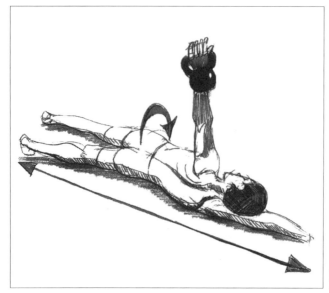

図 11-2

ようにします。

❷ケトルベルを持っていないほうの腕を180°バンザイして、頭が腕に乗るようにゴロンと横向きになります。このとき膝は90°屈曲状態で膝の内側が床に触れます。腰部の過伸展に注意します。

この体勢をアームバーのスタート形として、ここから2種類のアームバーを行います。

腰回旋タイプ

❷の形から膝を伸ばします。ケトルベルを持っている側の骨盤が少し床から浮いていますが、この骨盤を息を吐きながら床に近づける、もしくは押しつけるようにしていきます。5回押しつけたら次は押しつけた状態を保持して、深呼吸を行います。

ケトルベルの重みを利用してストレッチするようにしてください。注意するべき点は、ケトルベルを持っていないほうの腕がしっかりと耳の後ろまで挙上されていることです。ついつい自分一人でやると正確に確認できないのでおろそかになってしまい、腕が前にあったりしますが、これでは効果が半減してしまいます。

図 11-3

腕回旋タイプ

❷の形から肘を曲げてケトルベルを降ろしていきます。この際のポイントは腕の回旋です。掌を回外させていき、自分の顔のほうに向けながら肘を曲げつつ、ケトルベルを降ろしていきます。苦しいときは頭の下にある腕を図11-3のように枕にしてもかまいません。

最初、硬い状態では非常に痛みがあり、肘が90°曲がるところまでが精一杯かもしれませんが、徐々に慣れていきます。私自身もそうでした。4kgのケトルベルの重みでも痛くて、ケトルベルを落とさないようにインストラクター仲間に補助についてもらっていた記憶があります。

ケトルベルの重みとリラックスで肘は降りるようになります。降りるようになると、肩甲骨まわりの筋肉が大きくストレッチされて肘が身体の後面に滑り込んできます。そこまできたら深呼吸を3回行います。「ハアアー」と深く吐息します。男性でも女性でも最初は補助についてもらってください。降ろしてくる段階はまだいいのですが、ケトルベルを持ち上げる段階では無理をしないように、補助者に持ち上げてもらってください。動作に慣れてきたら自分で行うようにします。

左右差を見逃してはいけない

野球やゴルフのように片側偏重の負荷がかかる競技ではない場合、その左右差を見逃すべきではありません。たとえばゲットアップなら右は3回できるが、左は1回しかできないという場合、左側のセット数を増やし、プレエクササイズを導入して、弱点の底上げを狙うようにプログラムを組みます。

たとえばゲットアップはなぜ3回と1回の開きが出ているのか、原因を突き止めます。仮に問題が肩関節の安定性にあり、明らかにパワー不足がみられる場合は、ウインドミルをプレエクササイズに取り入れていきます。また仮に肩の柔軟性の差によって開きがある場合は、アームバーによって左右差を解消していくという手法を取ります。他にも大腿部のケアやハイパーエクステンション、胸椎の回旋、深い呼吸もお勧めです。

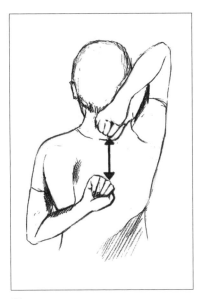

図 11-4

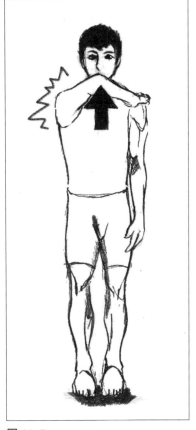

図 11-5

　FMSのショルダーモビリティテスト（図11-4）を評価の基準に設定するとします。これは結帯動作の際の両手の拳の間の距離で点数が決まりますが、ペインテスト（図11-5）で反対側の肩に手を乗せて肘を上げてくると痛みがある場合は0点となり、治療が優先となります。

　両腕とも同じスコアなら肩周囲のストレッチをトレーニングの前・後・中に入れていき徐々に改善を狙いますが、左右差がある場合はトレーニング中や、競技中の負荷が片側に寄ることによる故障を予防するために、ウォームアップを入念に行い、少しでも左右のスコアが接近するようにしてから競技・運動を行います。そのウォームアップがプレエク

91

ササイズになります。

ベントプレス

ベントプレスは、ケトルベルのトレーニングとしてもプレエクササイズとしても大変優良です。

この名前からプレスという押し上げる動作を連想しますが、名前とは裏腹にそうではありません。適切なテクニックを使えば疲労回復に役に立ち、胴体部の強化も期待できます。

ケトルベルのインストラクター取得コースの中では上級に分類されるエクササイズです。最初はゲットアップで扱うことのできた重量で行い

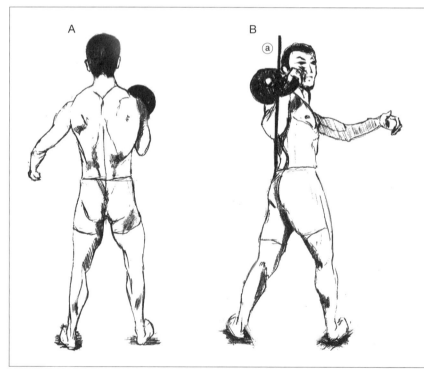

図11-6　ベントプレス

ます。
　昔、ベントプレスはストロングマンの定番種目でした。この種目に関しては随一の強さを誇ったのはユージン・サンドウではなくアーサー・サクソンだったとされています。サンドウとサクソンはライバル同士でサンドウが30歳、サクソンが20歳のときにどちらが怪力か対決をしました。そのときサクソンが264ポンド（およそ120kg）を挙げたのに対して、サンドウは5回試技をしましたがいずれも失敗に終わったようです。そんな伝統のある種目です。

動作解説（図11-6）
❶ケトルベルをラックポジションに持ってきます（A）。
❷手首が反ることがないように注意しつつ、身体を180°回転させて背

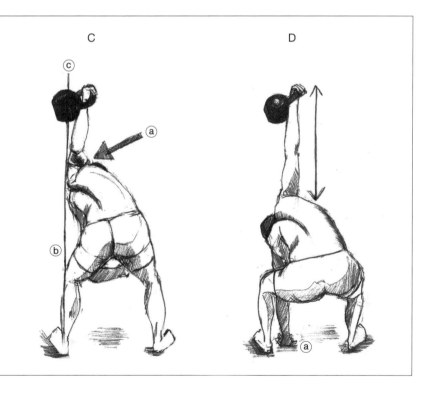

図 11-6 （続き）

面を見ます（B）。
❸身体を沈み込ませます（C）。
❹ケトルベルを見つつ、掌をやや回内させて自分の頭とケトルベルの距離を引き離していきます（D）。肘がしっかり伸びるようにします。
❺立ち上がります（E）。
❻身体の向きを正面に直します（F）。

　軽い重量では回数をこなすことも可能ですが、多くの回数は必要ありません。仮に24kgでゲットアップができる人なら、トレーニングの合間に16kgでベントプレスを挟んでセットを組むのもお勧めです。トレーニングによって筋肉が緊張して、それをいったん解いてリセットすることで、さまざまな種目のプレエクササイズにしていくことが可能で

■パッキングのセルフチェック

よくある質問に「パッキングができているかどうかがわからない」と言うのがあります。パッキングが「見えない」ということですね。確かに肩甲骨の内転・下制といっても、どれくらい内転するのか、どれくらい下制するのかはわかりにくいでしょう。

そこで、自分でパッキングができているかどうかチェックする方法を紹介します。非常に簡単です。右図のように右の肩に左の手を乗せます。そして右手を前方に持ち上げていきます。スイングする高さくらいですね。この過程で僧帽筋が収縮していなければ合格です。

腕が上がる前に肩に力が入っているのはNGです。できていると「首が長くなる」「肩が沈み込む」「胸郭が前に押し出される」という感覚が出てきます。正しい姿勢をつくることがパッキングへの最初の一歩です。

す。それでは細かく見ていきます。

詳細解説（図11-6）

クリーンをして身体を回旋させていきますが、この際はあまり手首に力を入れないようにします。高重量でない限り、力みは身体の連結を阻害してしまう恐れがあるので、しっかりと掌にタスキ掛けになるようにします。

Bの動作ですが、とにかく手首に角度をつくらないように肘に近い上腕部を胸郭に乗せます。前腕はしっかりと天を向いています。肘が床面に対し直角に近づくようにします。ⓐのラインです。ケトルベルが背面にきた形では、身体はやや前傾になります。

Cではⓐが接触しつつ、膝を曲げてケトルベルの下に潜り込んでいくような形になります。この際、反対側の肘を膝についてもよいですし

ⓑ、Ⓓⓐのように。反対側の掌を床についてもかまいません。

　Ⓓまで反対の腕を補助に使いつつも腕が伸びきるまで倒しますが、最後身体は倒れているのに肘が少し伸びきっていないときは、押し出すような感じで肘を伸ばしてください。できるだけ最後まで力を使わないように行います。

　Ⓔではケトルベルを目視しつつ、身体を起こしていきます。補助でケトルベルを持っていないほうの肘で大腿部を押したりすることもできますし、Ⓓⓐのように床を押してもOKです。

　Ⓕは最後に身体を正面に向き直します。オーバーヘッドポジションにきたら一瞬で降ろしてしまうのではなく、殿部を収縮させて重量が足底まで突き抜けているのを確認してから、再びラックポジションに戻ります。

12

メソッド・ジャーク

ジャークはさまざまな動作の集合なので
身体の活性化を促します

　ジャークはケトルベルスポーツ（GS）でも同様の名前のある種目です。ここではメソッドのジャークを扱います。メソッド・ジャークの目的は身体を追い込んで「頑張る」ことではありません。自分の身体を分割し各々を正しく操作することです。さまざまな動作の集合なので非常に面白味のある種目で、身体の活性化を促します。

　また、この種目は私がインストラクターを取得した際はバンプ（ケトルベルを跳ね上げる動作）のときに絶対に踵を上げないルールだったのですが、近年、踵を上げるルールに改定されました。ここでは踵を上げないジャークを紹介します。これには考案したパベル・サソーリンの意思があります。このメソッドは、武道である空手の要素を含んでいました。そこでパベルは踵で地面を蹴り込むという要素を取り入れてこのジャークをつくり上げたように思います。私自身もパベルから直接この踵を上げないジャークを教わった一人です。

動作解説（図12-1）
❶ケトルベルをクリーンしてラックポジションに持ってきます（A）。
❷そこから膝を抜き、身体を沈み込ませます（B）。
❸膝を伸ばした勢いでケトルベルを頭上に跳ね上げます（C）。
❹浮いているケトルベルの下に潜り込みます（D）。
❺ドロップします（降ろす）。

詳細解説（図12-1）

　足の幅は肩幅に取ります。まず❶の動作ですが、ケトルベルをラックポジションに持ってきた際の肩甲骨の形を確認します。ここはジャークを行う前にするべき重要なポイントになります。上腕と肩が下方に強く引き下げられ、肩甲骨と強いつながりを保ちます。その肩甲骨を背部の筋肉が強く包み込むというイメージです。ケトルベルの重量で腕が押しつぶされないように注意します（A）。

　Bは重量を包み込んだ形を変えずに脊柱のアーチを変えることなく膝を抜きます。このとき、一瞬さらに踵寄りに重量がかかります。

　Cでは膝を伸ばす勢いでケトルベルを上げますが、踵で地面を蹴り込むようにします。踵が上がってしまわないように注意することと、よくある失敗として顎が上がってしまう（頸が反る）点です。「顎を引く＋

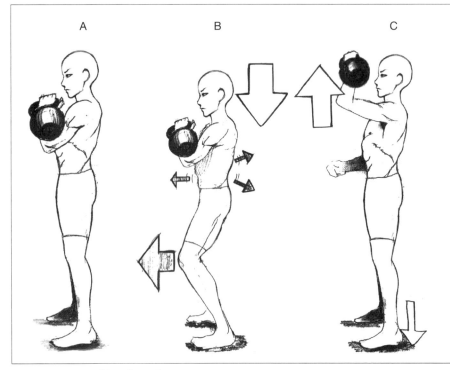

図12-1　メソッド・ジャーク

顎が上がる」のと「顎を引かずに顎が上がる」では、雲泥の差があります。顎が上がると脊椎が伸展してしまい、腹圧も逃げてしまいます。どのようなスポーツをするにしても「顎を引け！」という所以はここにあります。

　同時にパッキングを強く保ち、下から突き上げられた圧力が逃げてしまわないようにします。体幹部と接している肩甲骨をどっしりと安定させて、力を腕に伝えます。このとき腕が緊張していてもうまくケトルベルは上がりません。腕が力んでしまうと肘が開いてしまい、真っ直ぐにケトルベルは上がりません。

　やはりスイングと同様の技術ですが、メソッドのジャークでにとても重要なポイントがあります。それは「腹圧」です。クリーンされたケトルベルがラックポジションにきた際に、一度鼻から吸息して腹部に空気

図 12-2　　　　　　　　　　　　図 12-3

を溜め込みます。そのときにもし腰が反ってしまう（図12-2）なら、脊柱を真っ直ぐに頸と頭蓋骨の付け根の関節を使って天に引き上げます（図12-3）。

　この形は腹部に独特の緊張感が生まれ、重いケトルベルにも耐えられる強く弾力性のある体幹を養うことができます。さらにこの腹部を日常生活に用いると楽に歩けるようになり、女性の方でしたら足のむくみが解消されます。トレーニングを指導しているクライアントからも「膝が痛くなくなった」と嬉しい報告があります。

　ケトルベルの軌道は真っ直ぐに上がり、トップポジションではやや掌が前を向きます。ケトルベルの軌道が外方に逸脱し、握り込みすぎて腕が内旋してきてしまうのはよくありません。

　浮いているケトルベルの下に潜り込みます。潜り込んだ瞬間に肘はロックアウトしているようにします。2回目の膝の曲げなのでセカンドディップとも呼びます（D）。

膝を伸ばしてケトルベルの落下重量を緩和させるために膝を弾ませてキャッチし、すみやかに最初のラックポジションに戻ります（E）。

ダブルジャーク

要点はシングルジャークと同様ですが、ケトルベルが2つになることでより体幹部への衝撃が増えます。注意する点は「横から見たときの軸」です。正面からの軸はダブルジャークでもそうそう崩れることはありませんが、横からの軸はその重量によって崩されて、反ってしまいがちですので、注意します。必ずパッキングと腹圧の状態を確認して動作を行います。

13

ケトルベル運動の理論

ケトルベル運動はメソッドと競技の2つに大別される

　ここで一度ケトルベル運動の理論について話します。それはこれから進めるケトルベル運動の紹介をよりわかりやすくするためでもあります。

　今日、ケトルベル運動は大きくメソッドと競技（GS）の2つに大別されています。この2つの運動理論について解説します。

メソッドの運動理論

　まずメソッドの運動理論についていえば、P.30でも触れたように空手における「サンチン」の胴体部の運用を目指します。この身体の状態は物を押す、引く、走る、外力に耐えるという場合において有利だからです。よくある質問で「なぜ筋肉を太くするわけでもないのにケトルベル運動を行うのか？」と言うのがあります。確かに筋肥大という点ではケトルベルトレーニングを行う必要は少ないと思います。私自身よくクライアントに「先生って痩せてますよねぇ…筋肉あるんですか？」なんて言われてしまうほどに細いです。しかし、ケトルベルは力を発揮するための反復運動で動きの質を改善し全身をつなぐ、という点では最強のツールになります。

　では全身をつなぐとはどういうことでしょうか。紙面だけではなかなか伝わらないので、実際にちょっとした実験を行ってみます。

102

 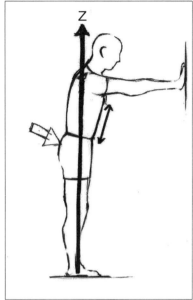

図 13-1-1　　　　　　　　　図 13-1-2

壁押し実験――上半身と下半身のつながり

　図13-1-1は、両手で壁を押している状態です。確認していただきたいのは、このいわゆる「腰が引けている」という状態では、地面から伝わっている力Zが身体に入ってこず、骨盤からは上方に逃げているのがわかるはずです。

　比べて図13-1-2は、力Zが肩まで突き抜けているのがわかります。ちょうどこのまま地面に手をついてもらうと「プランク」という体幹トレーニングになります。さらに、腹部の矢印を見れば図13-1-1のほうが距離があるのは明白です。力がつながっている瞬間というは図13-1-2の形が必要になります。そして、この地面からの力Zと壁に力を与える腕をつなぐのが「パッキング」という要素になるのです。

　ケトルベル運動は毎レップ、この壁押し運動のつながりを強くするために行うことになります。言い換えると「地面の力を効率よく上に伝える」ということになります。この壁押しを成功させる条件は、以下の3点になります。

・殿部の力で腰が反らないようにコントロールする。
・骨盤が立ち、背部に縦軸のテンション*が生まれる。
・パッキングを行う。

　これは4章で紹介したスイングと同条件です。

　上達すると壁を押す際に力まなくても力が出せる（力を伝える、体重を乗せる）のがわかると思います。さまざまなスポーツにおいても胴体には緊張があるのだけれど四肢は自由、というのは理想の状態だと思います。

競技（GS）の運動論

　競技の運動論についてです。その前に競技、競技とは言うけれど競技とはいったい何かを話しする必要があります。ケトルベル競技とは簡単にいうと制限時間内に行うウェイトリフティングです。種目は2つあります。

・バイアスロン（スナッチ＋ジャーク）。
・ロングサイクル。

　いずれも種目は10分間で行い、その回数で順位がつく簡単なルールです。10分以内にケトルベルを床に置いた場合はそこで終了となります。バイアスロンはスナッチを10分間、ジャークを10分間の2種目の合計回数で競います。ロングサイクルは複雑な動きですが、スイングとジャークがくっついたような運動です。このケトルベル競技はkettlebell sport ケトルベルスポーツ（KS）やГиревой спортギレヴォイスポーツ（GS）なんて呼ばれ方もします。

　そもそもメソッドのライセンスを発行し始めたのがアメリカの新進ケトルベル団体でした。競技派はヨーロッパ圏ではすでに広く浸透してい

＊縦軸のテンション：頸と仙骨部で2極から脊柱を引き合う。

ました。私が米国ミネソタ州セントポールでメソッドのインストラクターを取得した2011年頃は、このメソッド派と競技派は若干仲が悪く後発のメソッド派は亜流といわれる時期もありました。現在では競技（以下GS）もアメリカで広く普及し、そのゲーム性から凄まじい勢いで熱が上がってきています。日本でもクロスフィットは熱を帯びていますが、その中でGSの運動が入っているのをよく見かけます。

　GSはウエイトリフティングなので、そのものがスポーツです。メソッドとGS、この２つはどちらが優れているのかと聞かれることがありますが、比べようもないものです。「筋トレ」と「スノーボード」を比べるようなもので、比べようがありません。よく私はクライアントに「メソッドは建物の土台をつくる。建物（スポーツ競技）のために頑強な土台をつくります」と説明します。最初から目的が違うものなのです。

　ではGSの運動論に戻ります。これはどんなスポーツ競技にも言えることですが、「力を抜くところは抜け」という点です。格好よく理論立てて述べたいところですが、これ以外ありません。

　GSの種目別の詳細解説は後述しますが、競技中にはいつも力が入っているのではなく、締まるタイミング、抜くタイミング、呼吸のリズム、骨盤の傾き、視線をコントロールして構成されていきます。でもこれはメソッドでも同様ですね。今現在もし、自身で何もスポーツをしていなくてケトルベルというトレーニングに興味があるなら、メソッドとGSの両方を混合して行うと、格段にケトルベル種目の習得のスピードが上がります。

　自身の体験になりますが、私がGSのインストラクターライセンスを取得したのは2013年の夏で、ロシアのサンクトペテルブルグに３週間滞在し、毎日ロシア・チャンピオンの個人セッションを受けました。そして、その年のGSの世界大会（行われたのはロシアのチュメニ）で表彰台に立てたのは、ひとえにそれまで行ってきたメソッドという土台があったからだと思います。

メソッドと競技（GS）の一覧

GSやらメソッドやらで、少し複雑になってきたので、わかりやすいように表にしました（表13-1）。名前は一緒で中身が全く違うので、GSとメソッドの両方に被っているものはGSのほうに頭に「GS」と付けました。

ケトルベルが好きで私のところに訪ねて来てくる方に本当によく聞かれるのが、ネットの動画を見て「どっちが正解ですか！」と…。どちらも正解で、目的が違います。たとえばロングサイクルには下の3つの要素を含むという意味です。

バイアスロンの競技種目の1つでもあるGSジャークは、ロングサイクルにも入る要素で、GSのいわゆる「花形」種目です。

表13-1　メソッドと競技の一覧

メソッド	競技（GS）
スイング クリーン スナッチ ジャーク（同じ名前がある）	ロングサイクル GS スイング GS クリーン GS ジャーク
プレス ゲットアップ etc………	バイアスロン ├GS ジャーク └GS スナッチ

ケトルベルスポーツ（GS）

14

GSスイング

GSスイングはメソッドの
「振る」から「振られる」の動作になる

　GSスイングについて解説します。GSの種目については海外でも文献は少なく、まず出回ることはありませんので、まさしく本邦初公開となります。

　GSスイングは、バイアスロンとロングサイクルに共通して使用する技術です。ですから「競技成績を上げるための補助種目」という役割を担います。

動作解説

❶ケトルベルを身体の前に置きます。この際、ケトルベルの置き方はハンドルが45°になるようにします。そして足とケトルベルの3点を結ぶと三角形ができます。足の幅は骨盤幅です（図14-1）。

❷ケトルベルのハンドルを手の甲が内側を向くように握ります。この際、ハンドルを強く握らないように留意してください。GS種目全般にいえることですが、ハンドルを強く握ることはありません。イメージとしては人差し指と親指で環をつくり、その中にハンドルが通っている感じです。

❸ケトルベルを後方にスイングします。

❹ケトルベルを前方に跳ね上げます。このとき、ケトルベルを持っている側の踵が浮いて、ケトルベルは臍の高さほどに上がります。

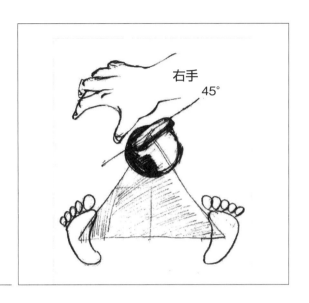

図14-1

詳細解説

　図14-2を見てください。ケトルベルを後方にスイングする際、把持している側の肩甲骨はリラックスしています①。逆側の腕ももちろん力を入れずにリラックスです。骨盤は立ててテンションをかけます。膝が伸びることでケトルベルは後方に持ち上がります。膝が170〜180°まで伸びた後、膝を脱力させ、ケトルベルが股の下を通る動きに合わせて膝が曲がります②。視線は1m前の地面を見るようにしてください③。頭の角度を前に倒すわけではなく、あくまで視線です。このとき、正面を見ず、天を仰がないように注意です。これは、頸部が反らないようにするためです。

　意外にこの頸部の反りは競技においては重要で、高回数の反復になればなるほどに背中の形を破綻させると、その報いを受けることになり、徐々に腰部に疲労が蓄積してしまいます。人間の身体は複雑で、頸を反らすから頸を傷めるのではなく、頸を反らすのでつながりの強い腰部に疲労が蓄積し、競技を続けられなくなります（図14-3）。私自身で実証済みです。

　図14-4はケトルベルの軌道とケトルベルの軸回転の軌道になります。GSの種目はメソッドの能動的に「振る」から「振られる」という動作

109

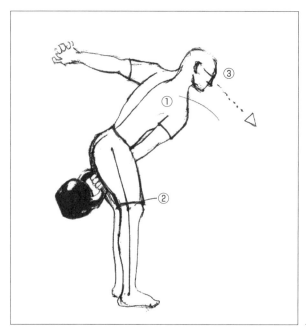

図14-2

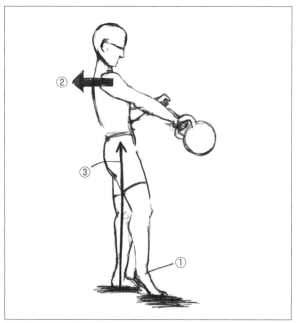

図14-3

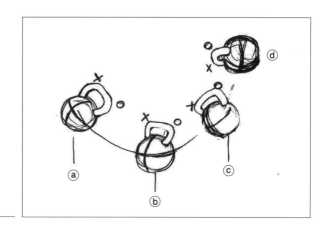

図14-4

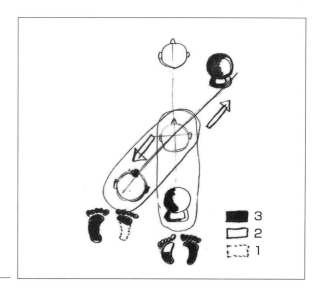

図14-5

になりますが、ⓑを通る際は衝撃を吸収するため、必ず膝が曲がりクッションとなります。GSスイングは「1レップスに2回」、膝の屈曲が起こります。

　ⓐでは膝は伸びます。ⓒからⓓまでが競技において最重要ポイントになります。

　ケトルベルの軸回転については、ケトルベルが上がれば上がるほどハンドルが平行に近づいていきます。ここではわかりやすくハンドルの前

後に○×をつけています。ⓓでは側面から見ると○×の距離が短くなり、ハンドルは床とほぼ平行になります。ⓐでは小指側が正面を向いています。

　上から見てみます（図14-5）。わかりやすく頭の位置とケトルベルの位置の動きを記しました。ケトルベルをⓐから上げていく際は、体軸を斜め後方45°の方向に傾けます。この場合ですと右手にケトルベルを持っているので左後方に体軸を傾けていることになります。身体全体をケトルベルを振るための反動に使います。体軸を傾けるのが早く、強くなればなるほどケトルベルは高く上がります。

　図14-5の右下に記してあるのは足への体重のかかり方です。体重のかかり方を3段階で示すと黒は3で、体重は強くかかっています。白は2で、接地はしているけれど強くない。点線は1で、浮いています。このような区別になっています。

　ケトルベルが前方にきた際に踵が上がり、体軸は斜め後方に移り、把持している側の肩甲骨はケトルベルを脊柱に引き寄せます。体重が乗っているこの場合は、左足は膝を伸ばし、踵で地面を押し込むようにします。1、2、3の連携でⓒよりさらにケトルベルが上がりⓓに到達します。振り上がったケトルベルが落ちてきて踵が接地するのと同時に再度膝が曲がり、重量を吸収し後方にスイングします。これを反復していきます。GSの補助運動として行うなら、片手1分から始め、徐々に時間を伸ばしたりセット数を増やしていくという手法を取ります。

　メソッドのスイングとの大きな違いとしては、GSスイングは膝の沈み込みが2回ある点です。メソッドでは「振る」という意識が強かったのに対して、GSでは「振られる」という受け身の動作でケトルベルというものを柔らかく受け止める動作になります。よく「振るぞ、振るぞ」という意識で行っている人を見かけますが、これでは軽いケトルベルでも消耗してしまい大変です。ほとんどはリラックスしていて要所でのみ頑張ります。

15

GSジャーク

ジャークの技術が勝敗を分かつ
といっても過言ではない

　GSジャークは競技なので基本はダブルベルで行います。競技会では10分間行いますが、練習では3分や2分を数セット行います。このプログラミングは非常に重要で、スコアが伸びるか伸びないかのカギを握ります。

　GSジャークは10分間での回数がスコアになります。たとえば100回できたら100ポイント、120回なら120ポイントです。GSスナッチは100回ならスコアが半分の50になります。だから回数がそのままスコアになるGSジャークは競技者にとっても生命線です。さらにGSのバイアスロン、ロングサイクル両方にこのジャークの要素が入っていますので、ことさら重要な技術です。ジャークの技術が勝敗を分かつ、といっても過言ではありません。

　通常GSジャークの場合、腰部の保護のためにベルトを巻きます。バイアスロン、ロングサイクル両方でウェイトリフティング用のシューズも履きます。このシューズはメソッドにはないポイントですが、踵を少し上げることで腕の負担を減らせるメリットが生まれます。

　ベルトについてメソッドは「ベルトのいらない腹部をつくる」のに対し、競技では「骨盤が後傾しすぎるために起こる背部へのダメージを抑える」という役割があります。さらに、ベルトがあることで、体幹部に触れている肘が下がりすぎるのを防ぎます。GSでは制限時間が設けられていますので、時間内は床にケトルベルを置いてはいけません。置くとそこで試合終了になってしまいます。なので、できるだけ耐える必要

113

が出てきます。そのときにジャークの前段階であるラックポジションで休む必要が出てきますが、悪い姿勢で休むことがないようにベルトを着用します。悪い姿勢、たとえば重心が前すぎる、後ろすぎる、となるとバンプ動作が難しくなってしまいます。稀にベルトを巻かない選手もいます。

動作解説
❶ケトルベルを両足の間からラックポジションに持ってきます。
❷そこから膝を抜き、身体を沈み込ませます。
❸膝を伸ばした勢いでケトルベルを頭上に跳ね上げます。
❹浮いているケトルベルの下に潜り込みます。
❺ドロップします（降ろす）。

　動作だけを書くと、メソッドと一緒のプロセスです。しかし、この両者は全く違う点があります。それが「ラックポジションの高さ」なのです。メソッドの場合はケトルベルを持った腕を肩甲骨との体幹部のつながりで保持したのに対し、GSジャークでは肘を腹部に乗せてラックポジションをとります（図15-1）。こうすることでGSのラックポジションはメソッドよりも緩む場所を大きく残せるので10分間という時間、ジャークし続けることが可能になります。どこかが大きく緊張してしまうと、とてもじゃないですができなくなります。しかし、その点を除けばメソッドもGSも相違点は多くありません。土台となる身体の操作は同じです。
　ちなみに私はこの2つのジャーク両方を練習に取り込んでいます。イメージとしてはメソッドのほうは「頑張らない」、GSのほうは「頑張る」ようにします。GSの場合、他人と競うのですから頑張るのは当然ですが、練習では疲れる三歩手前で止めるようにします。なぜかというと、疲れるとジャークは精度が落ちてくるためです。
　精度が落ちるとはどういうことかというと、フォームが崩れて「力んでしまう回数が増える」ことになります。力んだ反復回数を何度やっても、よい練習には成り得ないと私は思うからです。こんなことを言うと「軟弱者！」と思われそうですが、GSに関しては筋力で対抗することは

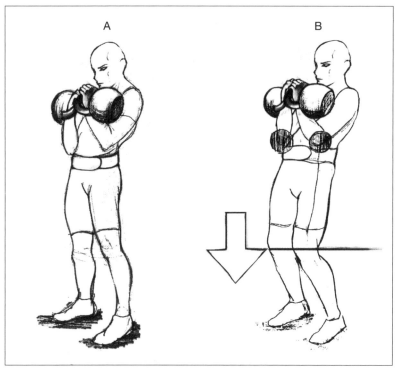

図15-1　GSジャーク（P.119へ続く）

明らかに損です。トレーニングの恩恵以上に身体への負債を多く抱えることになるでしょう。

詳細解説（図15-1）

　まずはAのラックポジションです。ダブルベルなので最初足の間にケトルベルがある状態では足幅は広く取っています。ですが、ラックポジションに持ってきた際には足幅を少し狭くします。肩幅くらいがベストだと思います。これは個人差もあるポイントで、どれくらいの足幅で力を抜いて立っていることができるのかを調べる必要があります。私は両足ともに自分の正中線からあまり離さないようにするのがお勧めです。理由は足の幅を広く取ってしまうと腿の前面が緊張してしまい、ファーストディップの動作そのものにブレーキがかかります。あまり離さ

115

なければ大腿部が疲労してしまうのを防げるからです。

　しかし、とんでもなく広く足幅を取るチャンピオン選手もいますので、一概に正解はこう、というのはありません。ラックポジションからの初動の際、土踏まずよりは踵のほうに重心が乗っているのが理想です。踵に乗りすぎても、つま先に乗りすぎても大腿四頭筋が緊張してしまい、ファーストディップの妨げになってしまいます。

　Bが最初の膝の沈み込みです。ファーストディップと呼ばれる動作です。膝のラインより上は動かさず、「曲げる」よりも「力を抜く」ことを念頭に置きます。ここでのポイントは腹部に乗ったケトルベル（肘）がより長い時間、腹部にコンタクトし続けることです。ラックポジションの肘の位置は正確には「骨盤」に乗ってくるとよいです。個人差はあると思いますが、おおむね臍のラインに乗ってくる左右の丸の中に収まるかと思います（図15-2）。

　肘が乗る位置を、ここでは「ラックポイント」と名づけます。正確なラックポイントを見つけることが競技結果を左右します。そのためのポ

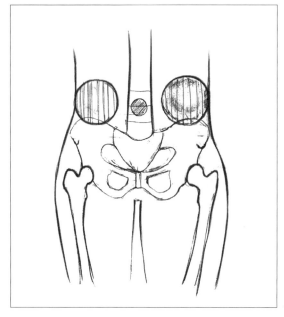

図15-2

イントは2点です。

・ラックポジションで膝が真っ直ぐに伸びていること。
・肩甲骨が外に開いて腕のリーチを長く取ること。

　膝については大腿部を緊張させないためと、大腿四頭筋の緊張を減らすことによる動作のスピードアップが目的です。

　他のスポーツもそうだと思いますが、GSを行ってとくに痛感するのが「筋力というものの弱さ」です。筋力は使えば使うほど疲労します。また、精度が落ちますしケガのもとにもなります。たとえば骨を割り箸にたとえると、割り箸を縦につなぐと垂直方向には抜群の強度を発揮します（図15-3左）。

　ですがもし、割り箸のつなぎ目に少し角度がついていたらどうでしょうか？　筋力が働きその不安定さを安定に変えようと必死で努力してしまいます（図15-3右）。高重量に筋力で耐えるのは明らかに無謀なのが

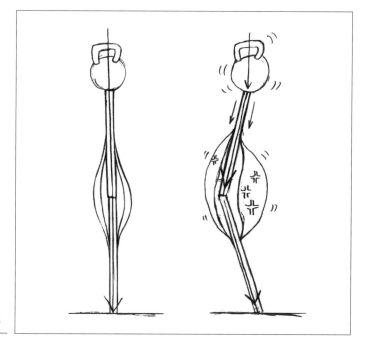

図15-3

わかります。これではスポーツどころではありません。真っ直ぐに割り箸を立たせるスキルを磨きながら練習を行うべきです。操作性に依存するべきです。それがよい練習につながると思います。

　GSのトップ選手は10分間に130回以上の32kgダブルベルを頭上に挙げる割に、肩の筋肉はあまり発達していません。代わりに体幹部が幹のように太く安定している印象を受けます。

　話をラックポジションからのファーストディップに戻します。

　ラックポイントから離れるのが早ければ早いほど、腕は筋力を使ってケトルベルを滞空させる時間が伸びてしまいますので、より早い段階で疲労が溜まってしまいます。よく用いられる形容として骨盤を「発射台に使え」というのがあります。これはディップ後に膝が伸展し、重心を加速させて前方に移した際に踵が浮きます。力で踵を引き上げようとするとなかなかうまくいきませんが、ラックポジション時に重心をよい地点に持ってきておくと、この膝の抜きからの加速で踵のポンプ動作がスムーズにいき、結果的に腕の消耗を減らすことができます。一直線の力が完全に脚を貫いてから骨盤に乗っている腕ごと跳ね上げます。この際、ケトルベルの重心は中央に据え、出力しやすい状態を事前につくっておきます。腰椎だけで動作をつくるのではなく、脊柱全てを使います。

　Cの沈み込んだ身体を伸ばしてケトルベルを跳ね上げる「バンプ」と呼ばれている動作、ここからケトルベルを頭上に跳ね上げていったところからです。

　Dの動作から、ケトルベルが頭上にきて肘が伸びて「セカンドディップ」と呼ばれる動作を行い、ケトルベルの下に潜り込み、脚が伸び一瞬静止した状態を「フィクセーション」といいます（E）。

　競技の場合、この一瞬の静止がジャッジのカウント対象になります。国際試合ではかなりこのフィクセーションが厳しく、試合で自己ベストを狙うのは相当に難しいでしょう。私もそうですがこのフィクセーションまでの力の連動をいわゆる「腕力」に頼ってしまうと美しいフィクセーションができません。

　では美しい形とはどんなものでしょうか。それはたった1つのポイントです。「頭上に上がったケトルベルが揺れない」、これに尽きます。腕

図15-1　GSジャーク（P.115 からの続き）

　力で挙がったケトルベルは頭上で揺れます。正確には肩関節が内旋してきてしまいます。もしくは跳ね上げる動作が弱いために、ケトルベルの下に沈み込んだときに肘が曲がってキャッチしてしまいます。そうするとフィクセーションの直前で肘を伸ばさなくてはいけません。この肘を伸ばす操作がケトルベルを揺らしてしまいます。また、あまり明確にDのタイミングで肘を伸ばすとルール違反でカウントされません。なので、効率よく動くためには、「骨を立たせる」ことが肝要になります。
　フィクセーション状態では重心が踵寄りになり、筋肉を緊張させて頭上に把持するのではなく、全身の骨を立たせてむしろリラックスで、一呼吸入れるのが重要です。

腕の操作

　では分解して見ていきます。フィクセーションの腕の操作ですが「逆立ちですか？」と聞かれますが、確かに逆立ちの状態に近いと思います。掌にハンドルがかかっており、前腕背側部に重量物がのしかかっていますが、肘の伸びと肩の入れは共通します。

　私はフィクセーションのとき、手首を真っ直ぐに保つようにしていますが、背屈させている選手も多いです。この手首の角度はみなさん結構問題にされていることが多いのですが、重要なのは「手首を締める」ことです。たとえ手首が真っ直ぐでも、背屈でも手首が締まっていないと筋肉に頼ってしまいます。この形は手の大きさによるところも大きいですので、角度はかなり個人差が大きいでしょう。

　では手首を締めるとはどういうことでしょうか。締めるとは関節の可動域を制限させ、骨の連結を強くすることです。関節の遊びがない分、筋肉の疲労を軽減できます。そのために私が行うのは、小指を締めることです。武道の中で「足は親指、手は小指」というのがあります。私が行っていた空手でも拳をつくるときは小指から握ることを教わりました。この小指の締めがフィクセーションにおいての「全身の骨を立たせる」ことに重要な役割を果たします。

体幹の操作

　体幹部の操作は、もちろんメソッドと同様に骨盤を立たせて腰部の安定を図ります。メソッドのジャーク同様に頸の形も重要です。頸の形は腰部にそのままつながるところなので最重要ポイントになり得ます。しっかりと顎が引けていると腰椎まわりの筋肉の緊張が解け、骨盤の立ちを容易につくることができます。頭が前に出てしまっていたりすると、骨を立たせるところまで操作できなくなってしまいます。

足の操作

　バンプ動作で上がった踵が接地して、踵が強く地面に当たります。このときにできるだけ大腿の力が抜けるようにします。緊張しっぱなしの大腿では、10分間を持たせるのは大変に難しいです。ここで必殺の大腿の力を抜くコツがあります。

フィクセーションのときに手首の力を抜くことです。そもそも「手」が緊張していると全身が力んでしまい、よい立ち方ができず、脚部も緊張してしまいます。

自分の中の一本の線が積み上がるというイメージです。苦しさから気持ちよさに変わります。これはケトルベルスポーツ以外のどんな競技でも使えることだと思います。競技を専門に行わない人は、軽いケトルベルでジャークのフィクセーションだけやっても得られるものがあるのではないでしょうか。

最後のEの動作です。フィクセーションを行ったらドロップ動作です。力を抜いて一直線にケトルベルを降ろしてラックポイントに肘を収めて最初のラックポジションをとります。ここまでの流れを行うのがGSジャークの内容です。

ラックポジションの手の組み方

大きく分けると「オープン」「クローズ」の2つがあります。

まずクローズですが、ラックポジションにおいて手を組んでケトルベルを保持する方法です（図15-4下）。オープンはあまり使われない方法ですが、手と手を組まないでラックポジションをとる方法です。さらに、クローズでもその個人個人で手の組み方が大きく違います。右手が上なのか、左手が上なのかは好みの問題ですので、どれが正解ということはありません（図15-4上）。

練習の中で行う回数は、毎回頭に入っていることが必要です。たとえば1分間に目指す回数を決めます。10分間で120回が目標なら、1分間はおおむね12回になります。練習の中で12回行うための呼吸のスピードを調べ、❶から❺までの1回の動作の間にどれくらい呼吸して休んでよいのかを頭に入れます。

繰り返しますが、ジャークで重要なのは呼吸のリズムです。苦しくなるとどうしてもペースが落ちてきてしまうのですが、なるべくラックポジションで休まないようにします。ラックポジションは休憩の要素もありますが、高重量になると思ったより回復することが困難です。このラ

図15-4

ックポジションで少しでも膝が曲がっていると、いわば「空気椅子」状態で6分目以降、大腿部の苦しさと闘うハメになります。脚が動かないとバンプ動作がうまくいきません。バンプがうまくいかないと腕の筋力の介入が増加します。腕の介入が増えると腕が動かなくなり、競技終了になってしまうという負の連鎖を引き起こします。できるだけこの連鎖を緩徐に起こすのが、この競技の面白いところです。

練習の目安

　練習では2分、3分、4分、5分とセットの時間を長くしていきます。回数は自分が10分で行う目標値の10分の1×1.3倍するといいでしょう。10回なら13回ですね。ただし、2分未満の場合は1.5倍を目指します。セットとセットのインターバルはたとえば2分セットなら3分、3分セットなら5分、5分セットなら10分とするのがお勧めです。セット数はおおむね合計時間が8分から10分になるようにします。

　サンプルを組んでみます。たとえば男性の16kg使用で目標回数が170

回だとします。そうすると1分の目標が17回になります。仮に3分セット×3で組むと、1セット当たり51回を目指す練習になります。それを5分休憩で3セットですね。もし軽い重量を入れたいなら最後の1セットを12kgにしてフォームの確認で51回×1セットを入れてもよいです。私の場合はあまり疲れたくありませんので、3セット行うなら2セットは軽くして、メインセットのみ本番の重量を使います。

ラックポジションをつくる

　ここからは、どうすればよいラックポジションをつくれるのかを解説していきます。ラックポジションはジャークの生命線ですが、多くの競技者はラックポジションが充実していない場合が多いです。この形をうまくつくるのに必要なのは、肩甲骨を左右に「広げる」能力です。ロシアのコーチは「もっと背中を丸めろ！」と繰り返し指示しました。脊柱が硬い私にとってこれは簡単な話ではありませんでした。そこでどうすればこの形が楽にできるようになるのかを考えたのです。

殿部の硬さの問題

　コーチに「背中を丸めろ」と言われても、多くの場合、ほぼ不可能です。なぜならその状態に持っていくための要素を身体が持っていない可能性があります。その要素を開発して操作することが必要になるのです。

　素因のひとつとして、殿部の硬さがあります。殿部が硬いと脊柱の筋肉が緊張して柔軟性が落ち、肩甲骨までその影響が及びます。骨盤の受け皿になっているこの骨を緩ませることで、脊柱のアーチを回復させます。とくに外旋させる筋肉が硬くなっている可能性が高いので、優先して殿部の柔らかさを回復させるとよいでしょう。そのための殿部のストレッチを紹介します（図15-5）。

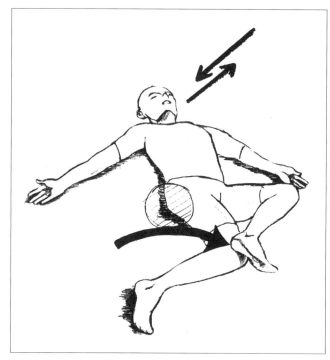

図15-5

1) 上体を起こして仰向けに寝ます。
2) 膝を直角よりやや広げて内側に倒します。
3) 反対の足を膝に乗せて負荷をかけ、殿部の深層筋を伸ばし（斜線部）、深呼吸します。注意するべきポイントは腰椎が伸展してしまわないことです。

頭を座らせる

　これはどんな競技もそうですが、顎を出してはいけません。頸椎は腰椎を表します。顎が出た状態、頭が前にある状態では腰が不安定なため、たとえベルトを装着していても腰を保護することは困難です。よい競技者に顎が出ている人はいません。頸部後面の張りを保ち、顎を抑え込むようにしましょう。

図15-6

簡単な顎を引いて肩甲骨を広げる体操を紹介します（図15-6）。

ヨガの猫のポーズを行います。

1) 四つん這いになる。
2) 上腕をやや外旋させるようにして背中を広く保つ。
3) 頸部から腰部まで一直線になるように頭を引くことで背部にテンションをかける。その体勢で大きく深呼吸を行う。

必ず正確なフォームを心がけます。この体操で、顎を引き、骨盤を立てることで背中が上下左右に広がり、緊張が生まれることを確認してください。腰部の過緊張を緩めます。背部の斜線部に適度な緊張感が生まれるようにしてください。

フィクセーションをつくる

最も重要なのは、骨盤を立てることです。さらに「自然」に立つこと

です。このことが「骨性の安定」を生み出し、上半身と下半身の架け橋をします。骨盤が立ってくると、フィクセーションで呼吸を行うことができるので、疲労をゆっくりと発生させることにつながります。

骨盤の操作

骨盤を立たせて脊柱を一直線にするきっかけをつくる体操を紹介します。ケトルベルの運動は、ヨガほどの柔軟性は必要としませんが「身体がこの方向に動くことができるよ」ということを身体が知る必要があるのです。

まずは股関節の前面の筋肉を緩めます。以下の手順は、私が実際に練習の前に行ってみてとくに有効だと思ったものです。一連の流れで紹介します。

ステップ１、モモ前コロコロ（図15-7）

フォームローラーを用いて腿の前面をほぐします。余計な大腿四頭筋の緊張を取り、ハムストリングスや腸腰筋の動きが出てくるようにします。

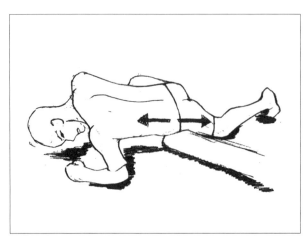

図15-7

図15-8

ステップ２、脊柱のアーチを回復させる体操（図15-8）

1) うつ伏せで片膝を立てる。
2) 膝から頭までを一直線にする。
3) 骨盤を立たせる意識で鼠径部を伸ばし深呼吸する。股関節前面の矢印のエリアが伸びる。

そこから図15-9の体操に移ります。

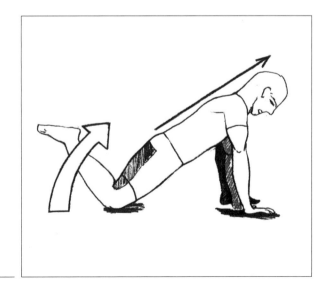

図15-9

4) 次に身体が動かないように膝関節を曲げる。

身体が回旋してしまわないように注意です。大腿部後面を刺激します。

ステップ3、脊柱を立ててみる（図15-10）
1) 立った状態で少し高さのある台に手をつく。前腕部は内旋、上腕部は外旋する。膝より少し下にボールやタオルを挟む。
2) 踵に少し重心を移し、息を吐きながら腹を凹ませ、脊柱を直線にして深呼吸する。

非常に簡単です。応用すれば座りながらでも行うことができるし、安全に行うこともできます。なので、女性の姿勢改善や年配の方の腰部の運動にも取り入れることができます。

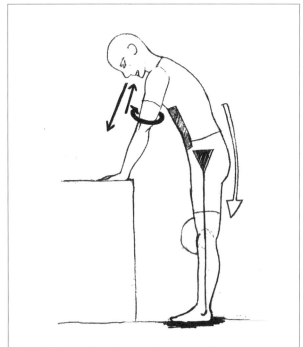

図15-10

最初は尻に力が入ってしまうかもしれませんが、骨盤の操作だけを行うようにすると、腰部がストレッチして徐々に尻の緊張が取れていきます。

呼吸の操作

　最後は呼吸です。あるいは最初に取り組むべき課題です。ジャークという運動が呼吸のリズムのようなものです。ジャークの形ができるようになったら、自分に合った呼吸のリズムを模索する段階に入ります。どのタイミングで初動を行うべきか、というところです。これはあらゆるスポーツに共通しますが、非常に難しいポイントです。もちろんジャークの場合もしかりです。

　ではどのタイミングで息を吐くべきでしょうか。それはファーストディップの一瞬手前です。この最初の沈み込みの際に、身体が緊張しないように息を吐きます。私は呼吸こそが「全身の筋肉の拮抗筋」だと思います。吐くことが上手な選手はリラックスすることがうまく、競技能力も高いと思います。反対に吸ってばかりいる人は身体が緊張している印象を受けます。横隔膜の主動作は息を吐くことです。その後、肺は膨らんで空気が入ります。肺そのものは自動で動くのではありません。なので、横隔膜を意識して運動をすることが非常に重要になります。そうすることでリラックスでき、地面からケトルベルまでの力の連鎖をスムーズにし、滞りのない力の伝達が可能になるのです。あらゆるウォームアップと同時に呼吸を大きく行う体操を取り入れるようにしましょう。

16

GSスナッチ

10分間をいかに疲労を抑え
よい動きで回数を伸ばすか

　ロシアではGSのスナッチは競技として行います。規定では10分間行い、手の持ち替えは1回、つまり右から左、または左から右に一度持ち替えたら、もう持ち替えはできません。近年持ち替えが自由な新しいルールも誕生しているようですが、伝統的なGSルールの持ち替えは一度です。制限時間が10分間となっていますので、その中での持ち替えは好きなタイミングで行うことができます。たとえば右手で8分まで粘って残り2分を左手で行う。最初の1分のみ右手を使い、残り9分を左手で行う、というのも可能です。必ずしも5分で持ち替え、というわけではありません。

　スナッチの際にはベルトは着用しません。服装は下はスパッツのようにピタッとしたものがよいでしょう。股の下にダウンスイングした際にダブダブパンツだと指が引っかかったりしてケガにつながる恐れがあります。上は肩が楽になるようにノースリーブがお勧めです。Tシャツでは汗で肩回りが貼りついて、競技中に気が散ってしまってもいけません。シューズはジャーク同様に底が硬く、踵が高いウェイトリフティング用のものがよいでしょう。床はスポンジのように弾力性のある床材は勧められません。ケトルベルが高重量になると踵が床にめり込んでしづらくなります。

動作解説

❶トップポイントをスタートとします。

130

❷ケトルベルをドロップ。

❸股を通りデッドポイント。

❹ケトルベルを振り上げる。

❺再びトップポイントへ。

　動作のみを文字にすると簡単ですが、かなり細かい技術・身体の運用が濃縮されている種目です。❸のデッドポイントとはケトルベルが股を振り子のように通り、トップポイントとは真逆（つまり振り子の頂点と頂点）の位置にあることを指します。スナッチは振り子運動なので、上がトップ、下がデッド、と覚えておくといいでしょう。

詳細解説（図16-1）

　一見ただの振り子運動にも見えるのですが、技術的には非常に高度な内容です。わかりやすいように９枚のイラストで順を追って説明します。

　まずは、Ａのトップポイントですが、ここでは肘が伸びきり、腕が顔の横にくるようにします。うまくできると、このトップポイントで肩がリラックスして、息を整えて回復することができます。逆によくないとトップにあることですら苦痛で筋肉が緊張してしまい、力を浪費して10分間が耐えられなくなってしまうので、これはいけません。

　トップポイントからドロップが始まるのがＢです。ケトルベルを持っている手（右）の掌が自分の顔を向くように捻り、同時に少し重心を左足に移します。このとき、掌からハンドルが離れるようにします。

　Ｃ：ケトルベルが落ちてくるときにハンドルをつかまずに、ハンドルに手を差し入れます。重心はさらに左足に乗っていきます。身体を傾けた分、右の踵が床から浮いてきます。よくある失敗は、動画を見て練習されている方が形だけ模倣してしまい、踵が浮いている状態です。これは体幹部が締まっている状態だからこそ緩みなく踵が浮きます。理屈がわかると理に適った動きだとわかります。

　Ｄ：ここで指にハンドルが引っかかるようにします。手の甲は正面を向いています。

　Ｅ：腰が反り上下の連動がなくなることがないように注意しつつ、ケ

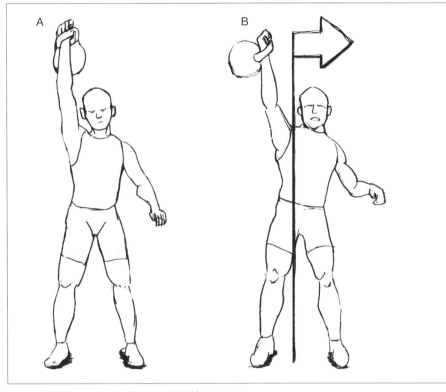

図16-1　GSスナッチ（P.134へ続く）

トルベルの重量を受け流します。両肩を結んだ線ⓐは右の肩が落ち、軸ⓑは右方向に回転します。

　F：さらにケトルベルは後方に振られてデッドポイントに到達します。ここでは顎が上がってしまわないように注意です。顎が上がると頸をしゃくってしまい、腰部をケガする可能性があります。また、このデッドポイントに到達した際の手の甲の向きですが、図16-2のようにどちらでもかまいません。この図は股の間のデッドポイントに到達した状態の手の向きの拡大です。（上）は親指側が正面、（下）は小指側が正面です。合っている、間違っているというのはないので自身のやりやすい形を探して行ってみてください。私のコーチが言うには「初級者は捻らない（上）が行いやすく、熟練者は捻るほう（下）が行いやすい」という

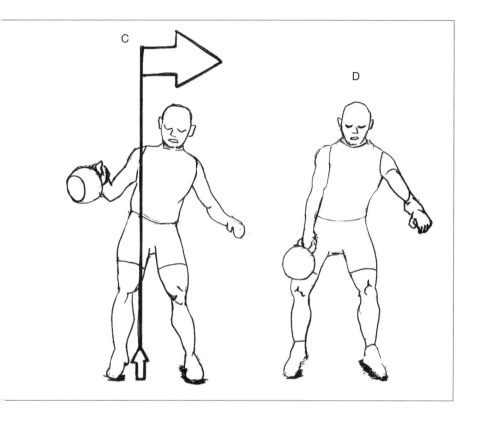

ことです。

　G：デッドポイントに到達したケトルベルが股の下にきた際に少し膝を曲げ、伸びるのと同時に左足の踵に体重がかかり、ケトルベルを振り上げます。ここがスナッチの一番の頑張りどころです。スナッチを高回数挙げる必須テクニックは「ケトルベルを持っていないほうの腕をうまく使う」ことにあります。もっと言えば左の肩甲骨の位置、ということになるでしょう。ケトルベルを持っていないほうの肩を前にグッと引き出し、そうすることでケトルベルを持っているほうの肩を後方に引くことができるようになります。振り上げる際に最も効率よく出力しないといけない運動ですので、ここで背中が丸まることがないように注意します。加えて体幹部を操作し、上半身と下半身の一致がずれないようにし

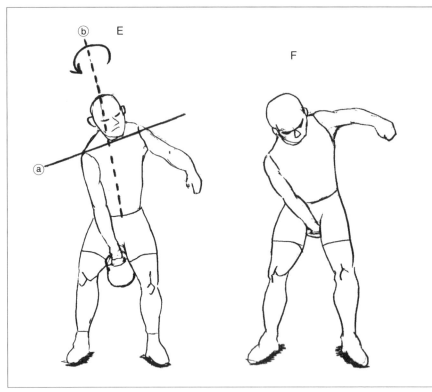

図16-1 （続き）

ます。肩甲骨はメソッド同様にしっかりと下に押さえつけなければなりませんし、Fのように頸もしゃくったりせずに顎を引き、頸の動きを大切にします。

　H：左の肩を前に出していましたが、ここで肘を曲げ肩甲骨もろともケトルベルを自分の重心に引き込みます。イメージとしては脊柱を中心にして「でんでん太鼓」のように左右の肩甲骨を入れ替えるという感じです。重量物が自分の重心から遠くにあると余計なパワーを使いますし、引き込みすぎても上腕部で力を出しすぎて消耗してしまいます。あくまで軌道に逆らわずに、自然に引き込んでくることが肝要です。重心はまだ左側に残っています。

　Ｉ：振り上がったケトルベルに対して、拳玉のように下からすくうよ

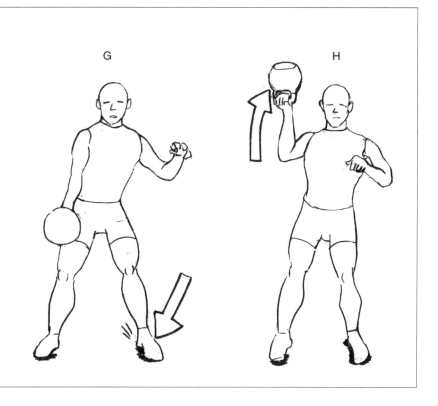

うにしてケトルベルの下に入り込み、重心は中央にきて膝は伸びます。いったん停止して1カウントになります。またBから開始します。

スナッチの呼吸

　ジャーク同様に、やはり動作と呼吸は一致していたほうがよいでしょう。後半に呼吸が乱れるのは当たり前ですが、自分の呼吸のリズムをつかめるとよい結果につながります。

　スナッチは1動作の間に呼吸のタイミングを3つ設けるようにします。それは図16-1D、G、Iです。まずトップポイントでは呼吸は吐い

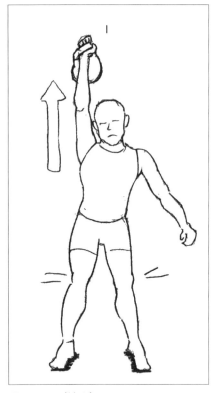
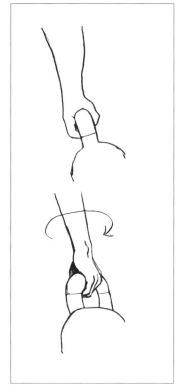

図16-1　（続き）　　　　　図16-2

ておきます。降ろしてくるドロップの段階で吸い、そしてケトルベルが落ちてきてハンドルに指が引っかかったところが、最初の吐くタイミングです。

　その後デッドポイントを通過してケトルベルが戻ってきます。戻ってきてG、グッと左の足に重心がかかる踏ん張りどころで2回目のタイミングになります。

　3回目はIで、トップポイントです。私は後半疲れてくるとBでもう一度吐くようにしています。そうすることで換気量を上げていきます。練習の中で呼吸のタイミングを増やす箇所をあらかじめ考えておく必要があります。そうしないと呼吸が乱れたときにタイミングがズレてしまうからです。

ハンドルへの手のかけ方

　まずは図16-1 Ａのトップポイントでのお勧めは、ハンドルへ手が深くかかるようにすることです。ジャークやスナッチでもそうなのですが、手首は立っていたほうが緊張も少なく消耗しません。もちろんこの方法は競技用（ハンドル直径は35mm）より細いケトルベルにしか使えないテクニックです。

　ドロップのＤでのお勧めは、人差し指を親指で押さえておき、その輪でグリップするという方法です。掌全部にハンドルは触れますが、全部で握り締めているというわけではなく、引っかかっているというイメージです。このＤまでの移行で一瞬ハンドルから離れることで、手の皮も剥けにくくなります。ずっと握っていると前腕の筋肉が緊張してしまい、その緊張は全身につながり、結果としてスコアが落ちてしまいます。私の印象では、前腕の緊張はとくに肩に現れてしまいます。逆に前腕が緩んでいると肩もリラックスして競技を続けることができます。

チョークのつけ方

　競技のスナッチの場合、チョークづけが非常に重要になります。私自身、初めて世界大会に出場した際にこのチョークづけで失敗し、とても悔しい思いをしたことがあります。自分一人での練習になるとハンドルの状態はほぼ一定なのですが、競技会で多くの人が同じケトルベルを使うと、ハンドルはチョークと汗の塊が付着し、コーティングされて厚みも出てしまい、ギザギザで掌での滑りも非常に悪くなります。そのため、競技会ではしっかりと紙ヤスリなどで、この塊を落としてからチョークをつけることになります。

　チョークは図16-3の丸の部分にしっかりと押し込むようにつけていきます。とくにハンドルの角度のついた部分の裏側です。ハンドルには滑らかになるように擦り込んでいきます。手の部分では人差し指末端と親指にしっかりとチョークを乗せておきます。

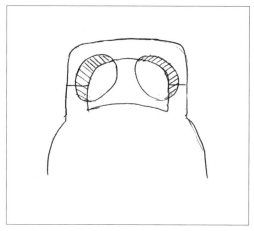

図16-3

　このチョークでスコアが倍に伸びたりすることはありませんが、競技会の場合、集中力を高める重要な作業と考えている選手が多いです。自己ベストの更新のためにも1回でも多く挙げたいところです。

スナッチのための補強運動

　スナッチの補強は、トップポイントでケトルベルを持ったまま歩行するのがお勧めです。あとはやはりプランクのような体幹部を固定する能力が必要なので、ウォームアップに取り入れて活性化をしてからスナッチの練習に移るとよいでしょう。

　スナッチに慣れてきたら、軍手を着用して行うのもお勧めです。滑ってケトルベルが飛んでも一切責任は持てませんが、有効なので紹介いたします。スナッチではみなさん手の皮が剥けるという心配があると思うのですが、軍手を着用することで、まずこの問題を解消できます。さらに軍手の布の厚みが出てくるのでハンドルを非常に握り込みにくくなります。これが力を抜くテクニックの養成につながります。決して握力が強いからといって有利な競技ではないのです。

スナッチのプログラム

　スナッチのプログラムは基本的には単独で行うことはありません。それはGSの場合、スナッチはバイアスロンになるので必ずジャークとセットになるからです。実際、大会においてもバイアスロンの場合は先にジャークを行い、おおよそ3時間後にスナッチが始まります。ジャークを目いっぱい行ってからのスナッチなので、練習でも基本的にはジャークのセットを行った後に、スナッチの練習という具合になります。ちなみに英語では「バイアスロン」といいますが、ロシア語では「двоеборье」（ドボェボリエ）と呼びます。意味はそのまま「2つ闘う」という意味です。

　では練習の例を組み立ててみます。たとえば目標が16kgで180回だとします。単純に計算すると1分に18回の計算になります。練習においても左右で2分ずつ行う場合は、この目標となる18回に4～5回をプラスします。時間が短いので当然ハイペースで行うことを目標に、セットを組む必要があるということです。2分以下の場合は毎分5回プラス。2分半以上の場合は毎分プラス4回にします。つまり4分セット（左右2分ずつ）の場合は1分当たりの目標は18＋5で23回になるということです。もちろん高重量になればなるほど、1分間の目標回数は減りますので、各々の回数は異なってきます。また目標とする回数によっても異なります。

　さらにスナッチを単独で行う日も必要です。2週間に一度はジャークの後に行うのではなく、単独で行う日を設けるようにして7分（3分半ずつ）や8分（4分ずつ）のロングセットを組みます。ジャークを行った後は全身が疲労しているため、持久力は低下しています。早いペースで振ることができるようになれば、今度はそれを継続する持久力（言い換えれば力まない身体の使い方）を習得する必要があります。

　また、10分セットで毎分持ち替えるような練習も行います。この場合には毎分休憩は挟まずに、右と左を持ち替えていきます。1分目右、2分目左、3分目右…といった調子で10分まで行います。この練習も効果的です。

GSロングサイクル

スナッチとジャークが組み合わさったような動作となる「GSロングサイクル」

　GSでの二大種目のひとつでもあるロングサイクルを解説します。ロシアではロングサイクルはスナッチとジャークが融合されたものとされており、一連の動作が長い運動です。歴史を辿ってもこの種目がどのようにして生まれたかについてはよくわかっていません。ただ、ジャークができた後に誕生したようです。

　他の種目同様に、その選手の持つ骨格や柔軟性で個人により理想となるフォームが微妙に異なります。動作はジャークが流れの中に入り、なおかつそのジャークの前に毎回クリーンを行うという過酷な種目です。ロシア語では「толчокДЦ」（トルチョク・ディツィ）と呼ばれていますが、トルチョクはジャークのこと。ディツィは「長い距離」という意味があります。

　ロングサイクルは、その毎レップが長い動作のために毎回の正確性が要求されます。なぜかというと、たとえばジャークの場合ですと、ラックポジションから頭上に挙げる動作の繰り返しのためにそれほどケトルベルの位置がラックポジションにおいて動くことはありませんが、ロングサイクルの場合は毎回クリーンを行うので、毎回ケトルベルをラックポジションに正確にキャッチしなければなりません。この点が非常に難しくなります。

　ラックポジションにキャッチした際にケトルベルの位置が少しでもずれていると、次のジャーク動作が非常にしにくくなってしまうのです。大きな原因としてはインサーションといわれるケトルベルのハンドルへ

の手の入れ方にあります。インサーションのミスをすると角度を変えようと、身体はどうしてもどこかで、もう一度アクションを起こさなければならなくなり、そのアクションによって体力が消耗してしまう危険性があります。

　私はバイアスロンもロングサイクルも行いますが、「どちらが大変ですか？」と聞かれるといつも困ります。時間から考えるとバイアスロンはジャークとスナッチの合計つまり20分、ロングサイクルはロングサイクルのみなので10分です。ですが、ロングサイクルには毎回クリーンをダブルベルで行うという身体的疲労があります。ですからどっちが大変ということはないと感じます。どちらにも面白さがあります。

　せっかくケトルベルが2つあるのなら、どちらの種目もやってみましょう。互いに違う刺激となって、身体にとっての新しい発見がある可能性もあるのですから、やらない手はありません。

　また、ロングサイクルやジャークは男性の場合は基本的には2つのケトルベルを使います。女性の場合はロングサイクルやジャークはありません。これはロシアでは健康上の理由から女性の身体に重量物を持たせるのはよくないという認識からきているようです。そのため、女性のケトルベルスポーツの世界基準の競技会ではスナッチしかありませんでした。しかし近年はケトルベルスポーツのロシア以外の海外での普及に伴い、2つのケトルベルでのロングサイクルやバイアスロンの女性向けの競技会も行われるようになりました。

動作解説

❶ラックポジション。
❷肘を伸ばし、バックスイングを行う。
❸ケトルベルを股の下に通し、デッドポイントあたりまで振り降ろす。
❹ケトルベルを引き上げる。
❺膝を曲げてケトルベルをラックポジションにキャッチする。
❻ジャークを行う。
❼ラックポジションに戻る。

　ここであえてラックポジションから開始にしたのは、競技中にはクリ

ーンされているラックポジションから振り降ろすことが前提になるからです。

　骨格や手足の長さについてですが、この競技は２つの競技用ケトルベルを股の下に通すので「足が長い人、手が長い人が有利ですよね？」と聞かれることがあります。私自身は足が短いので長い人の気持ちがわかりませんが、国際大会では最強のロシア選手といってもみんな身長が高く、手足が長いわけではありませんので、やはりその個人個人の身体の骨格の操作でいかようにもなると私は思います。たとえ万が一、不利だとしてもその中で最高のフォームを完成させることはできます。

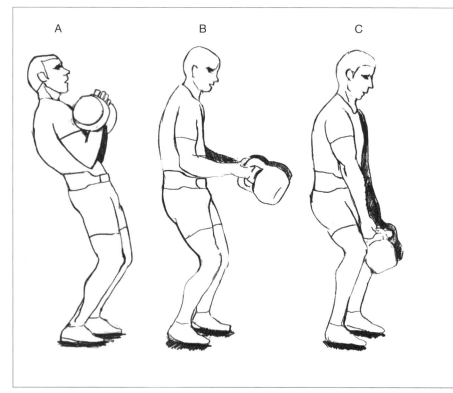

図17-1　GS ロングサイクル（P.146 へ続く）

詳細解説（図17-1）

1) ラックポジションから解説を行います。この最初のAではわざと膝を曲げてあります。それはジャークを行った後にドロップしてラックポジションで受け止めた瞬間から始めているからです。
2) 次は掌が自分の顔を向くようにケトルベルを前方に投げ出します。クリーンの動作に入ります。
3) ケトルベルが後方に振られ、スイング同様にデッドポイント（ケトルベルがクリーンされた際の振り子運動で最も後ろの位置）に到達します（D）。私のコーチ曰く、「このデッドポイントでは膝を伸ばせ！」と言いますが、それは骨格の長さの違いから伸ばしづらかったりします。ケトルベルの２つの大きさと腕の広がりの関係上、膝関節が伸び

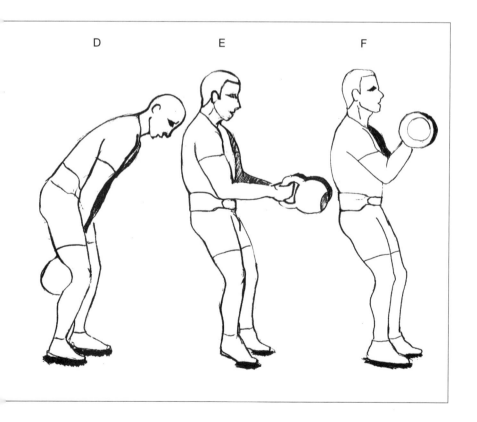

る前に大腿部に前腕が衝突するからだと思います。膝が伸びきらない方は触れるところをデッドポイントとして返すようにします。ロングサイクルはその工程が長いためにジャークやスナッチよりも個人に合ったフォームを探す必要がありますし、そのベストな形は人それぞれに異なります。

4）　デッドポイントに到達したケトルベルを引き上げます。負荷の高い位置です。広背筋や肩甲骨周囲の筋肉でケトルベルを引き上げます。力を使うのですが、その割合をなるべく減らして耐久力を上げる技術を身につける必要があります。

5）　ケトルベルを前方に跳ね上げます。メソッドのクリーンも同様ですが、肘を伸ばして前にスイングするのではなく、肘を曲げてケトルベ

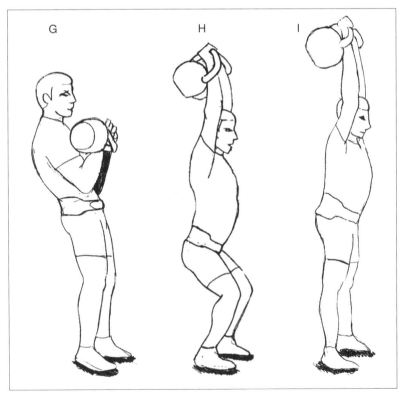

図17-1　（続き）

ルの重心がなるべく自分から離れないようにするのが好都合です。離れれば離れるほど、ロスが増えてしまうからです。

6）膝で衝撃を緩衝してラックポジションで受け止めます（H）。

7）しっかりと膝を伸ばします（I）。またこれらはジャークを行うための準備段階です。ここでリラックスすることで次のジャーク動作をスムーズに行えます。

8）ジャーク動作です。ケトルベルの下に潜り込むように行います。

9）ジャークのフィクセーションです。ここまできてワンカウントです。

10）ドロップしてAに戻ります。

　長い距離のジャークといわれるだけあり、とても長い動作になりますし、非常に多くの要素が詰まっています。ジャークやスナッチがあまり筋力を使わない動作を目指す一方で、このロングサイクルはクリーン動作が入ることで、その実施者のフィジカルを最大限に引き出さなくてはなりませんし、フォームを改良して引き出す技術も必要です。

ロングサイクルにおける呼吸

　ジャークにおける呼吸の吐くタイミングは図17-1C、D、Hの3カ所で行うのがお勧めです。

　またロシアの文献によれば、ロングサイクルのリズムタイミングは全部で3つあります。リズムタイミングというのはどこで休むか、というタイミングです。

1）　休憩を挟まない（10分間やらないことが前提のようです。力尽きるまで動き続けるが短時間で高いスコアを出すことが目標）。

2）　ジャークとスナッチの連結部分で1回ずつ、つまり一連の動作では2回休む方法。

3）　ジャークに入る前のラックポジションで1回休む方法。

　1）と2）はクラシックな技術で、3）が近年開発されたものです。1）は強度が高く、行う人はあまりいないようです。3）は最近のチャンピオンがみなこの方法を用いていることから最も省エネとされており、人気の方法です。ではロシアのチャンピオンとはどれくらいの回数を挙げ

るのでしょう？　表を掲げておきます。

　私の見解でも3）の方法が最も省エネです。理由は図17-1Ａの動作タイミングで休まないことですぐにクリーンに入るのは、ドロップからのラックポジションで膝を伸ばす手間が省けるからです。

ロングサイクルにおけるクリーン動作

　私自身このクリーン動作が本当に好きではありません。それは膝の屈曲動作が多く、大腿部が休める瞬間が少ないからです。大腿部がリラックスできる時間が少ないということは動作の精度が落ちやすく、消耗が激しいということです。では、少しでも休む時間を長くするにはどうするべきか？　私はその答えはクリーン動作の前腕にあると考えています。掌の緊張は不必要な上肢の緊張をつくってしまい、スタミナを浪費してしまいます。

　ロングサイクルでリラックスするコツは、ケトルベルのハンドルを握ることで当然前腕の筋肉は緊張するのですが、❷の瞬間や❼のラックポジションで一瞬、ハンドルから掌を離して（完全に手を離すわけではなく、掌の中でハンドルが遊ぶくらいの距離が取れるということです）、緊張状態を解くことで「掌」を柔らかく保てるのです。掌の筋肉を緊張させればさせるほど動作が減速して、心拍数も上がります。ピアニストとまではいわないまでも、柔らかい手、リラックスをした手を保つことがクリーン動作での休憩時間の延長につながり、競技能力の向上にもつながります。

トレーニングの行い方

　ロングサイクルを専門で行う場合、クリーン動作にあてる練習時間を増やします。私のようにバイアスロンもロングサイクルも行いたい人の場合、ジャークの練習でロングサイクルにおけるジャーク部分の練習は賄えるのですが、クリーン動作がケトルベル2つを股の下に通すために新しい刺激になります。なので、この部分における動作を繰り返し反復して動作のタイミング、Ｈにおけるハンドルへのインサーション（手の入れ方）を練習します。私自身まだまだ発達途上ですが、このインサーションの改善でケトルベルの身体への衝突が防げます。最初の頃は上腕

部にケトルベルの32kg球体が衝突するので青アザをつくっていました。

　補強のトレーニングとしては、この種目は膝の屈曲回数が多いので、大腿部の発達が不可欠です。もちろんフルレンジのスクワットもよいのですが、バーベルやケトルベルを持って荷重して行うジャンプスクワットが私のお勧めです。リラックスが成功のカギを握るのはどんな競技もそうですが、それだけでは当然勝てません。パワーの絶対量を増やすのも言うまでもなく重要です。

■GSの記録

　GSの世界記録の紹介です（2015年更新）。

・男子の部　32kgケトルベル

体重	ロングサイクル	ジャーク	スナッチ
63kg	74回	147回	204回
68kg	80回	141回	182回
73kg	87回	149回	186回
78kg	82回	145回	196回
85kg	91回	166回	206回
95kg	91回	162回	211回
95kg+	110回	163回	210回

　スナッチの68kgの記録は先日、東京でもセミナーを開いたアレクサンドル・コボストフさんの記録です。

・女子の部　24kgケトルベル

体重	スナッチ
58kg	192回
63kg	190回
68kg	168回
68kg+	192回

　女子はスナッチのみです。女子の58kg、ヤレメンコ・オレガさんという方ですが最軽量にして最高回数を叩き出していますね。本来、体重が上がれば回数が比例するのですが、女子の63kg、68kgはともに非常に高い技術だといえます。68kgは女子ケトルベルスポーツ界では現在も「女王」として君臨するセニア・ディアドキナさんの記録です。

18

呼吸の強さ

吐息を十分に行うことで
強い横隔膜の収縮が得られます

　ケトルベルトレーニングにおける呼吸の重要性は今まで記述してきた通りですが、ケトルベルトレーニングはとくに動作中、意識的に息を吐き、腹部を収縮させなければなりません。このことで横隔膜が引き上がり、吐息する呼吸筋を刺激し目覚めさせることができます。さらにこの横隔膜を引き上げることにより、内臓を動かし活性化することもできます。

　いわゆる正しい姿勢に必要な要素として、正しい呼吸というのも必要です。横隔膜を鍛え、内臓も鍛えると食事からの養分の取り込みが上手になり、排泄もスムーズにいきます。実際に女性のクライアントから「便秘が解消された」という声も多くいただきます。ケトルベルはアスリートのためのものだけではありません。

　私の経験で恐縮ですが、正しい呼吸と強い消化能力というのは実際に密接な関係があるといえます。私は現在GSを主に行っていますが、ラックポジションはリラックスの要となる存在です。勝敗を分けると言っても過言ではないほどです。ラックポジションでは腹部に肘がめり込みます。実際には骨盤の上に肘が乗るのですが、当然腹部は強い圧迫を受けます。以前、排泄がスムーズにいっているときと、早い時間のトレーニングでしっかり排泄していないときで、ラックポジションに差があることに気づきました。しっかりと排泄していないと腹にガスが溜まって、ラックポジション時に「グルル」と腹鳴が起き、なんともいえない気持ち悪さが残った状態でのトレーニングになります。排泄していれば

何も聞こえず、32kgを2つ腹に乗せても苦しくないのでリラックスすることができます。私はこのときから、トレーニングはその時間のみに起きていることではなくて、24時間体制であり、内臓のことも考えなければ、さらに上にはいけないのだと確信しました。身体に入れるタンパク質や栄養構成に気を遣うのは当然ですが、自分の身体に合う食品や、食べる時間帯がピークパフォーマンスを練り上げるのだと思います。

　少し食事の話に脱線しましたが、ケトルベルトレーニングのよい点として、深い呼吸で速い速度でリズミカルに反復できることがあります。ケトルベルスポーツにしても、メソッドにしてもその点は相違ありません。

2つの持久力

　私は持久力に関して2種類あると思っています。それは筋肉依存の持久力なのか、筋肉に依存しない持久力なのかの違いです。私はケトルベルで目指すのは後者だと思います。私が見てきた選手では、前者だと筋肉があるとその筋肉に動作を頼り、ピークパフォーマンスがある一線を越えると急激に低下してしまう印象を受けます。逆に後者ですと後半の急激な低下がなく、最後まで持久力を出し切ることができます。競技選手にとっては理想的な展開となります。

　では呼吸の力を最大に高めるためにはどうすればいいか？　闇雲にケトルベルトレーニングの中で形（手順やフォーム）を求めるのではなく、吸息した際の肋骨の広がりを重視します。

フルブリージング

　筋肉に依存しない持久力がよいのはわかるけれど、具体的にどうするか？　それはトレーニングを行う前に一度、腹式と胸式を合わせた「フルブリージング（完全呼吸）」を行います。

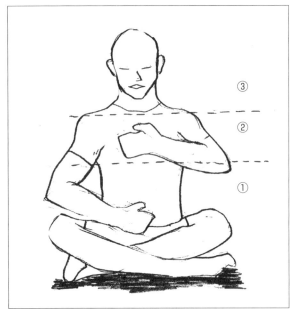
図18-1

　フルブリージングはもともと武道やヨガで用いられてきた呼吸法のひとつです。以下にやり方を紹介します。もし、胡坐では股関節が硬く背中が丸くなってしまう方は正座でも大丈夫です。重要なのは脊柱にテンションをかけ、背中を広く保てるかどうかです。

動作解説
❶まず座位になります（図18-1）。
❷そこから一度大きく息を吐き腹が抉れるように吐息します。鼻から腹、胸、肩の順に下からゆっくりと空気を入れていきます。
❸肩まで吸い切ったら一瞬息を止め（保息）、肛門を締めます。
❹口から吸った時間の倍の時間をかけて吐きます。たとえば4秒なら吐くのは8秒、5秒で吸うなら10秒かけて吐き切ります。
❺3回繰り返します。

　この呼吸を運動前に入れることで、胸郭の可動域がより広い状態でトレーニングを行うことができるようになります。背すじがピンと張り、

図18-2

空気が身体の隅々まで到達していくのがわかるはずです。運動前に腕や脚のストレッチを行う方は多くいますが、「肋骨と肋骨の間を広げる」呼吸の筋肉をストレッチする方はあまりいないのではないでしょうか。

　もし、胸式呼吸がよくわからない場合は肋骨の蛇腹状の動きを意識して頭でも理解する必要があります。図18-2のように自分の手で肋骨部分を左右から押さえるようにして胸に息を入れていきます。そうするとしっかり呼吸が入るときは胸郭が大きく上下、左右に膨らむのが確認できます。腹式呼吸がわからない場合は仰向けで行うのがわかりやすいです（図18-3）。

　腹式呼吸がうまくいかない場合の多くは、最初に吸おうとしていることです。最初に吸うようにしてしまうと腹が凹んでいないために、吸ったときに腹を大きく膨ませることができない…なんてことになりがちです。大きく膨らませるためには大きく凹んでいる必要があります。ですから、私が腹式呼吸を行ってもらう際には必ず「まずは息を吐きましょう！」と伝えるようにしています。

　肋骨間が硬く緊張していると、トレーニングや競技の間でスコアにム

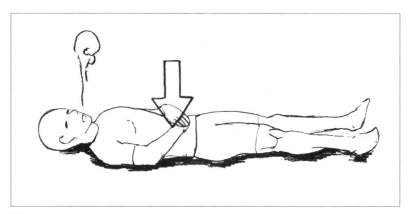

図18-3

ラが出てきてしまいます。それは当然で、胸郭が大きく膨らむということは呼吸における換気量に差が出ることなのです。どのようなスポーツもそうですが、心肺機能が「基礎体力」というものの底辺をつくります。競技を行う中ではスタミナはあるにこしたことはありませんが、闇雲に走ってばかりいてもスタミナは増えていくものではありません。さらには、呼吸の深さを安定させることで、練習ではできていたことが本番ではできないといった事態を避けることにもつながるのです。競技本番でしっかり休んで身体の状態は良好なはずなのにもかかわらず、よい成果につながらないというのも、呼吸が硬く浅くなってしまっていることが原因である可能性もあるのです。

　私自身、GSを行う中でよくコーチに注意されたのが呼吸のリズム、深さでした。2年前に「なんでもっと強い呼吸をしないんだ？　俺に聞こえるように呼吸しろ」と言われました。私は大袈裟に「フー、フー」と行っていたのですが、まだ弱い、との指摘でした。なぜこんなに大きく息をする必要があるのだろうと思いながら、せっせと呼吸の練習をしていました。その意味が最近になり、やっとですがわかってきました。

　強いロシアのチャンピオンたちは10分間の競技の中で、最初から最後まで呼吸のリズムが変わることが少ないように思います。だから終始ペースが一定でフォームも安定し、余計な力みがないのです。見た目の印象は「最初から息が上がっているのかな？」と思うほどです。息を切

らされるのではなく、自分から息を切らした状態にしているからもう乱
れないのです。通常、序盤はゆっくりとした呼吸で中盤から息が上がっ
ていきます。終盤では「もうほんとに早く終われ！」としか思いません
が、呼吸の力で冷静に絞り出すことができています。

　呼吸の指導をしてもらった後にコーチが言った言葉が「It's Magic」
でした。「魔法？　競技で魔法が使えたらいいなぁー」なんて思ったも
のです。常に誰でも行っている呼吸の中にこそ、魔法の正体があると思
います。

フルブリージングとケトルベルの融合

　ではケトルベルトレーニングとフルブリージングをくっつけます。た
とえばツーアームスイングを行うとします。その準備の段階で腰を引く
ヒンジ動作を行い、ケトルベルのハンドルを握ります。そして、ハンド
ルを握った状態で一度息を吐き切り、フルブリージングを行います。こ
こで胸郭が十分に縦方向に広がったのを確認してからスイング動作を開
始します。すると、空気を最大に取り込んだ「よい姿勢」が自然に現れ
てきます。円背の状態で空気を最大限に取り込む、という動作はできな
いので自然にゆったりとした胸郭が形成されます。自分から筋肉に力を
入れて肩が前に入らないようにする、顎が出ない、背中は真っ直ぐ…と
いろいろなところを意識して力みを加えて調整していくよりもずっとリ
ラックスした形になります。それは、そもそもの根本から方針が違うか
らです。

　ケトルベルトレーニングの種目は通常のトレーニングよりも遥かに多
くの関節が動作に絡んできます。その中でしっかりとしたフルブリージ
ングを身につけることで、競技への影響力をより増すことができるので
す。

　吸息の際は「鼻水をすするように」行います。吐息と吸息のスピード
は1対1になるようにします。

153

内臓まで動かす

　吐息を十分に行うことで強い横隔膜の収縮が得られます。横隔膜が収縮し、引き上がるとどのようなメリットがあるのか？　人間の内臓も同時に横隔膜に引き上げられます。内臓は筋肉です。筋肉は動くことができれば熱を生み出し、カロリーを消費しますので当然ダイエットの強い味方になり、排泄もスムーズになります。ぜひ、ケトルベルトレーニングを行う際は「内臓からしなやかに」ということも考えてみてください。重い物を持ち上げる、もっと速いスピードを出すというのを考えるのは当然ですが、どんなに素晴らしいエンジンがあってもガソリンの通り道が詰まっていては十分に動くことができません。「ここぞ」というときの馬力を出すためにぜひ、ケトルベルを活用してみてください。

■食事の直後のトレーニング

　食事の直後にGSジャークを行うとどうなるか？

　直後にトレーニングは身体によくないのは自明の理ですが、食事はあえて池袋のラーメン屋を選択。「具を全部載せ、大盛り」で満腹になるようにして挑んでみました。久々に食べるラーメンは実に、本当に美味しかったです。デザートのプリンを追加オーダーして…ご馳走様でした！

　さあ、消化する前に急いでトレーニングを行います。電車で一駅ですが、日頃油ものを食べ慣れていないせいか、電車を待っているだけで、かなり眠気が襲ってきました。ボワーンと温かい幸福感があります。

　ストレッチもほどほどにジャークから行います。食事をしてから30分程経過しています。24kg×2でのジャークです。当たり前ですが、ベルトの穴がきつくて1つ広げました。そして問題のラックポジション!!　腹部に肘が乗るのですが、あまりの圧迫感で掌から変な汗が出てきてハンドルが汗でヌルヌルします。ウォームアップで21回行い、チョークをつけ直して本番です。身体の疲労感はありません。むしろ、調子がいいのではないかと思えるほどでしたが、やはり肘の圧迫で吐息がうまくいきませんでした。メインセットの3分で45回を行い、終了です。ドロップの際の48kgが腹部に落ちてくる衝撃が気持ち悪すぎて、まさに「ウプッ」という感じでした。息を吐くことができないと力が抜けません。

　感想としては必要以上に上腕が疲れました。ラックポジションでもリラックスができないために、腕力に頼ってしまいます。頑張れば32kg×2もできなくはないですが、やはりラーメン直後というか、食事の直後は避けたいですね。私の経験からいうと食後はトレーニングまで3時間ほど必要です！

19

おわりに
──ケトルベルを通して感じたこと

トレーニングすること自体が
間違っている？

　すでにとことんトレーニングを積んでいるけれど、それでも伸びない、伸び悩む。どうすれば競技力を向上できるのか？　そんな悩みを抱えている方もいるでしょう。そして古い（新しい？）トレーニング器具であるケトルベルを試してみようと思っているかもしれません。私がケトルベルをとことんやってみて、私が感じたことを伝えます。

自身の「柔軟性」

　私自身、ケトルベルを行ってきて、足りないのは柔軟性だと感じました。今思えば、必要なのはリラックスや脱力だったのだと思います。緊張していてはよい結果は残せません。当たり前のことですが、できていなかったと痛感できたのもケトルベルのおかげです。そこで私は「とにかく最初は柔軟性だ！」と思い、身体を柔らかくするためにパーソナルのピラティスやヨガを受けました。ですが一向に柔らかくならず、これにはパーソナルトレーナーも舌を巻きました。ヨガやピラティスは大変効果的ですが、そのとき、私の理解には隔たりがあり、まだまだ足りなかったのだと思います。

　もちろんすんなりと柔らかくなる人もいると思います。しかし、私のように間違ったトレーニングを長年続けた身体は自由を失い、燃え尽きています。そのような人は選手にはたくさんいると思います。この燃え

尽きた身体を生き返らせるのは至難の業だと感じました。

パフォーマンスの根源は？

　私は、パフォーマンスの根源は断じて筋肉ではないと思います。この本を手に取った方は自分のパフォーマンスに悩みがあるのだと思います。そして、それが筋トレや持久力をいくら鍛えても改善できないレベルのものだと薄々勘づいているかもしれません。

　重要な点は、実施者がそのトレーニングという刺激を「受け入れることができるのか？」という問題になります。簡単にいうと、できる奴はできるし、できない奴はいくら頑張ってみたところで伸ばせない。私はこの「できない奴」だからこそスポーツトレーナーとして生涯、運動に従事しようと思ったのかもしれません。できる奴にはできて、できない奴にはできない致命的な問題が柔軟性なのだと思います。少ない可動域では多くの制約を受けてしまいます。

　多くのトレーニングの手法は開発者が異なります。これは何を示しているかというと、それは「その開発者にとっては最良の方法だった」ということです。たとえばパヴェルはケトルベルメソッドの開発者といわれていますが、自分の身体にないものを探したからこそ、この方法が確立されたということです。

　逆立ちができる人は逆立ちができるのだから、そのための方法をわざわざ見つけることはしません。できない人の気持ちや問題点に気づきにくいからです。ピラティスの祖、ジョセフ・ピラティスも幼少の頃、自身は病弱だったようです。そのコンプレックスをはねのけるために自身で新しいトレーニングの手法を開発しました。たとえばどんなものにしても新しい製品を世に出すためには「この世に存在したらいいな」と思われる自身のアイデアを具現化したい、形にしたいという信念がつくり出します。トレーニング手法においては自身に対するコンプレックスを克服するために開発者は新しい手法を考えるのだと思います。よくいわれるように名選手は名コーチとは限らない、ということです。

トレーニングが間違いか

トレーニングをすること自体が間違っている？　こんなことを述べたらぶん殴られてしまいそうですが、本当なんだから仕方ありません。ウェイトトレーニングを行って競技能力が伸びることは稀だと思います。

たとえば私は今熱心に取り組んでいる「ケトルベルスポーツ」という競技があります。これはウェイトリフティングに似ていますが、筋肉のためのトレーニングは私は一切行いません。この競技は10分間ケトルベルを床に置かずに挙げ続ける大変持久力が必要になる種目なのですが、激しい有酸素運動も行うことがありません。そんなことで本当にスコアは上がるのか？　と思いますが、私は実際に上がっています。競技においては持久力を養うことよりも無駄に疲れないことが必要です。力を発揮するときにも呼吸の力を使うことで、息が止まる場面を限りなく少なくします。動作と呼吸を一致させるようにして、なるべく体力のロスを減らす。筋肉は（状況により）重みでしかありません。リラックスして骨を使い、自分の体重を対象に伝えることがより高いパフォーマンスを引き出します。リラックスして骨を使える、自分の体重を対象に伝えることがパフォーマンスを生み出します。

どうやって強靭な身体を手に入れるのか？

いくら柔軟性があったところで、パワーを発揮できなければ意味はありません。後藤の話じゃ、プニプニしてる奴が最高のアスリートになっちまう。ヨガやピラティスのインストラクターがトップアスリートになる、ということになってしまうのではないか？　確かにそうはなりません。私が言いたいのは、すでに十分に鍛錬された選手は、力を抜くことができると次のレベルにいけるということです。「力を抜く」という、動作を改善するときに呼吸の深さと柔軟性が大きく関与できる余地がまだあると言いたいのです。

またケトルベルスポーツを例にすると、32kgのケトルベル2つのジ

ャークをただ柔らかいだけの人はどうやっても持ち上げることができません。逆に筋肉でガチガチに固めても10回が限界でしょう。私はその競技に必要なパワーは、その競技の練習でつければいいと思います。その練習を受け入れることができるかどうかは、その人次第なのです。テニスのサーブの刺激にしても、それを腕力で受け入れて疲労するのか、骨を使って受け入れるのかは大きな違いがあるということです。

消化する力が勝敗を決める

　私が見てきた強いアスリートの共通点としてあげられるのは、食べ物を消化する力が強いことです。強い、というのは際限なく食べても太らないとかそういった話ではなく、無駄に食べることがないことを察知する、食べたものをしっかりと活用できる、という意味合いです。

　なぜこのような一見なんの関係もなさそうな事象を関連づけるかというと、私自身の体験でケトルベルスポーツの練習を行う日、調子のよい日には排泄がよいのです。身体に圧倒的な柔軟性と持久力を感じます。私自身がそもそも排泄が悪いということはないのですが、腸が空になっているときほど、とても動けるということに気がつきました。それを感じてからは食事の内容にも気を配るようになりました。

　つい食事はカロリーの計算や、タンパク質や脂質の含有量を気にしてしまいがちですが、私は選手が調子を上げるために必要なのは「腸の調子を整える」食事、これに尽きると感じます。実際私のクライアントで、排泄がよくなり、その影響か肌のキメがよくなり、身体の柔軟性も上がってきたという方が多くいます。それはもちろん身体を捻るにしても、前屈するにしても腹が空のほうが動きやすいのは言うまでもありません。

呼吸の容器

　柔軟性と呼吸の深さの重要性を話してきましたが、呼吸には空気の入

る胸郭の大きさが非常に重要になります。胸郭は大きくしようと思って大きくなるものではありませんが、背中が丸い状態だと肋骨の蛇腹が前に倒れてしまいます。ケトルベル・メソッドでは肩甲骨を下方に引き落とすということを言ってきましたが、私自身の感覚では胸骨を前に押し込み胸椎も前に押し込むようにすると、肩甲骨を意識的に落とすのではなくて、結果的に落ちてくるという感覚です。腰椎だけが反ってしまわないように注意です。そうすると気持ちよく隅々まで空気を行き渡らせることができるようになります。

胸郭が倒れ小さくなっていると、疲れやすい、手足の冷えという症状を引き起こすのだと思います。これは本来、体幹部に接合されている四肢が体幹部の歪みによって血行が低下することと、胸郭の前傾によって内臓が圧迫されてしまうために、横隔膜の動きも低下し、腹部における熱産生が悪くなるからだと考えています。

食事しているときの自分の胸郭はどうなっているでしょう。食事中に内臓を圧迫していると、食べたものがスムーズに流れず、腹にガスが溜まる原因にもなります。多くの女性が昨今、排泄の悪さを抱えていますが、その原因としてもこの呼吸容器の形の崩れが影響しているのではないでしょうか。

私たちスポーツ競技者は多かれ少なかれ腹筋運動、たとえばシットアップを行います。私はスポーツ選手にとって別個に腹筋運動で腹部を鍛える必要はないと思います。競技の練習中に自ずと負荷がかかるために、それに適した体幹ができ上がるわけです。むしろ鍛えて硬くするなら、呼吸法を取り入れたり、腹部をマッサージして柔らかく保つことのほうが競技能力には活きてきます。練習ではどうしても力んで硬くなるし、練習後や練習とは別の補強運動でさらに緊張させれば、練習後の長い時間も不良姿勢を招きかねません。

ケトルベルの種目は全ての動きで、この大きな胸郭、胸骨を前方に押し込む形を要求されます。さらにその特性上、振るという動作が多いために、純粋に重量物を筋力で持ち上げるというのがないのも、競技者にとっては好都合なのです。

ゲットアップなどのように腕を伸ばした状態で重量物に抵抗するのは受け皿でもある肩甲帯や体幹部の強化に非常に役立ちます。スポーツに

159

おいても衝撃に対抗しうるこのあたりの強さは欠かせません。

評価基準

この柔軟性と強さをどのように評価するのかが問題になります。私は図19-1のような形をとってもらうテストをしています。この形は仮に柔軟性だけがあってもバランスがとれなくて身体を持ち上げることができないし、腕力だけでは肘が伸びてきません。肘を脇に近い高い位置に保つためには腰部の丸まりを形成するために腰椎部の柔軟性が必要です。腰部のコントロールのためには、下肢の柔軟性が必要で、実際には見た目ほど腕力勝負な形ではありません。ここでは評価は0点、1点、2点、3点の4段階とします。

動作解説
❶しゃがんだ姿勢で左右の踵はつけておきます。腕は床に向かって垂らしておきます。
❷掌を前方、肩幅につき、体重を前に移していきます。
❸バランスをとりながら膝を十分に開き膝を脇に接します。
❹完全に体重を腕に乗せ、肘を伸ばします。
❺5秒カウントしたら逆の動作で戻ります。テストは5秒間静止する筋力が必要です。

注意するのは、前方につんのめって倒れてしまう点です。バランスを崩すと顔面を床に打ちつけてしまいますので、あらかじめ緩衝材を必ず置くようにしてください。スコア、評価は以下の通りです。

評価段階
0点：足を床から浮かすことができない。
1点：浮いているが、膝が肘の骨の外側に乗っている。肩関節と腰部の
　　　柔軟性がほしい。
2点：腕の骨の中央に膝が乗る。殿部がより高い位置に持ち上げられて

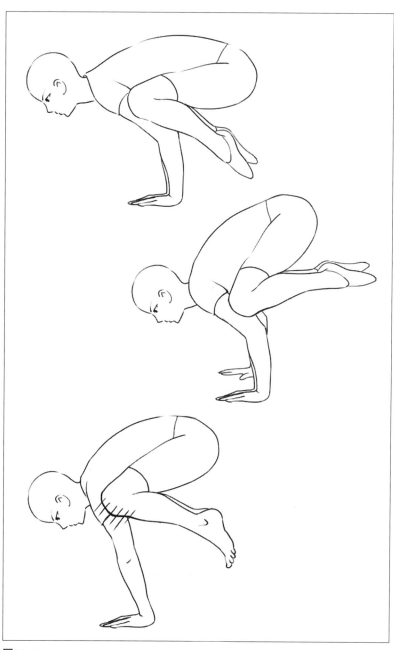

図19-1

いる。まだ筋力に依存しているので肘が伸びない。手首の柔らかさが
必要になる。さらにポイントは腕を外旋位で保たないこと。

3点：肘の関節が伸び、肩が締まっている。腰椎の柔らかさは胸郭の柔
軟性を示し、膝の引きつけは股関節、腹部の柔軟性を示す。

手足の形

　評価に対してどうアプローチするか？　私はまず手、足の指を握って
もらいます。こうして動いていない指、苦手な動きを確認します。たと
えば、グーパーをの形を見ます。他にも足の指は全部動いているか？
立っている状態の指はどうか？　をひとつひとつしてもらうのではな
く、ざっくりと姿勢や動作を見ていきます。

　こんなことがなんの役に立つのかというと、たとえば親指なら腰を表
現していますし、薬指なら肩を表現していると思います。柔軟性を改善
しようとして、股関節なら股関節のストレッチとなってしまいそうです
が、立位で前足部はアーチをつくるように回内させて股関節を動かして
いくと全身のつながりがわかります。

　とても感覚的なもので、科学的説明は難しいですが、多くのクライア
ントや自分を見てきた経験からこのように感じます。

　トレーニングとは身体を疲弊させることではありません。トレーニン
グ前後で評価するとそのトレーニングによって調子がよくなった悪くな
ったなどの判断が選手とコーチの両方でできると思います。確かに、時
には追い込むことも必要ですが、トレーニングしている時間以外も快適
に過ごせるようにコーチが導くことができればもっとよいと思います
し、今日トレーニングしてよかったと思ってもらえれば最高です。

資料

1) 『Enter the Kettlebell』、Pavel Tsatsouline著、dragon door社、2006
2) 『Athletic Body in Balance』、Gray Cook著、Human Kinetics社、2003
3) 『Movement』、Gray Cook著、Target Publications社、2010

日本ロシアンケトルベル協会（JARK、Japan Accociation of Russian Kettlebell）
http://www.japan-kettlebell.jp/

有限会社伊藤鉉鋳工所
http://ito-gen.jp

著者紹介

後藤俊一（ごとう・しゅんいち）

1986年、北海道生まれ。中学・高等学校では陸上競技部に所属800メートルの選手。北海道ハイテクノロジー専門学校卒業後、六本木のスポーツクラブでインストラクターとして従事。その後アメリカ、ロシアに渡りケトルベルインストラクターライセンス取得。ケトルベルスポーツでは2014年世界大会3位、2015年4位、2015、2016年日本大会 優勝。日本人初のMSIC（マスターオブスポーツインターナショナルクラス）。
資格：RKC公認ケトルベルインストラクターRKC2、ロシアKETAcademy認定インストラクター、柔道整復師、極真空手初段、FMS1・2
現在：友整骨院・トレーニングルーム代表、日本ロシアンケトルベル協会（JARK、Japan Accociation of Russian Kettlebell）理事長

ケトルベルトレーニング

2017年8月30日　第1版第1刷発行

著　者　後藤　俊一
発行者　松葉谷　勉
発行所　有限会社ブックハウス・エイチディ
　　　　〒164-8604
　　　　東京都中野区弥生町1丁目30番17号
　　　　電話03-3372-6251
印刷所　シナノ印刷株式会社

方法の如何を問わず、無断での全部もしくは一部の複写、複製、転載、デジタル化、映像化を禁ず。
©2017 by Syunichi Goto. Printed in Japan
落丁、乱丁本はお取り替え致します。